경성의
건축가들

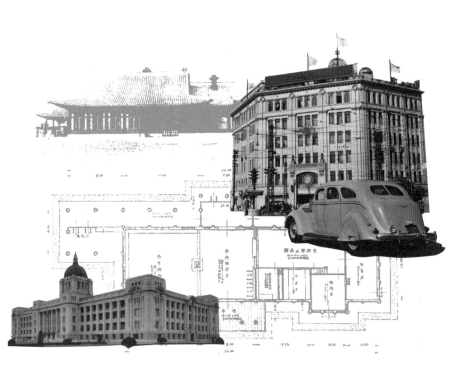

식민지 경성을 누빈
'B급' 건축가들의
삶과 유산

김소연 지음

경성의
건축가들

루아크
RUACH

일러두기

- 인용문은 현대어 표기법과 문법에 맞게 다듬었다.
- 문집이나 학회지, 책명은 《》로, 잡지나 기관지, 논문, 매체명은 〈〉로, 기사나 글 제목은 ""로 표시했다.
- 이 책은 일부분 픽션 형식을 취하긴 했지만, 전체 내용은 고증을 거친 사실에 바탕을 두었다.
- 이 책의 외국 인명과 지명, 용어는 국립국어원 외래어표기법 규정을 따랐다. 단 일부 건축용어는 관용적으로 두루 쓰이는 우리말로 표기했다.

•

"뭐 볼 게 있다고?"

〈암살〉〈밀정〉〈경성 스캔들〉〈모던보이〉. 일제강점기를 다룬 시대극에 빠질 수 없는 배경이 있다. 이중성과 역설의 공간, 바로 근대건축이다. 그곳에서 일어나는 사건은 분명 살 떨리는 분노와 피 튀기는 저항인데, 그곳에 녹아 있는 감성은 낭만과 동경 그리고 콤플렉스까지 미묘하다.

일본은 죽도록 싫어하면서도 미쓰코시백화점 앞에서는 입이 딱 벌어졌던 사람들, 암울한 현실을 비관하면서도 경성역에서 들려오는 문명의 소리에 들떴던 사람들, 카페와 살롱에서 벌겋게 상기된 얼굴로 서구를 동경했던 민족주의자들….

그들에게 식민지의 근대건축은 이상과 현실, 이성과 감성의 불협화음이 요동치던 장소였다. 그런 건물을 만들었던 사람들, 그중에서도 조선인 건축가들, 그들의 삶이 궁금해진 적이 있었다. 그때 주변 반응은 썰렁했다.

"뭐 볼 게 있다고!"

"그래봤자 기술자야. 그것도 식민지에서!"

그럴 만했다. 이른바 해체주의 건축, 포스트모더니즘 건축이 여전히 유행하고 있을 때였으니까. 빌바오 구겐하임미술관을 설계한 프랭크 게리Frank Gehry, 베를린 유대박물관을 설계한 다니엘 리베스킨트Daniel Libeskind, 시애틀도서관을 설계한 렘 콜하스Rem Koolhaas, 동대문디자인 플라자를 설계한 자하 하디드Zaha Hadid….

학생 공모전이나 건축사무소 현상설계에는 그들의 작품을 닮은 3차 원 비정형 비대칭 디자인이 빠지지 않았다. 그런 대세 속에서 비례와 대칭에 충실하며 수직과 수평이 조화를 이룬 건물은 한물간 고체 덩 어리로 보이기 마련이다.

일제강점기에 대한 거부감도 무시할 수 없다. 건축이란 단어조차 생 소하던 시대에 일제가 유통시킨 근대건축은 급하게 모방해온 일본식 서구 건축이었다. 식민 교육의 뻔한 문제점은 둘째 치더라도, 그걸 따 라 배우며 설계를 했다면 이른바 '짝퉁의 짝퉁'을 만든 셈! '식민지의 근대건축가는 기껏해야 B급일 테지, B급 건축가들에게 뭐 그리 드라 마틱한 인생사가 있을까, 그러니 뭐 볼 게 있다고!' 이런 반응이 나올 만하다.

그래서 오히려 이런 의문이 들기도 한다. 식민지 근대를 살았던 그들 에게 서구 건축의 비평 잣대를 들이대는 것이 무슨 의미가 있을까. 그 들의 건축관을 자의식이 펄펄 살아 있던 서구 건축가의 아카데미즘과 비교하는 것이 과연 공정한 것일까.

한번 들여다보고 싶었다. 볼 게 있는지 없는지. 그걸 알려면 일단 들여다보는 수밖에. 보다 보니 조선인 건축가만이 아니라 일본인과 미국인 건축가도 보였다. 더 들어가보니 그들 언저리에 있던 개발자와 전통 건축 장인도 어른거렸다. 흐릿하지만 조금씩 그림 한 장이 그려졌다.

《경성의 건축가들》, 이 책에 등장하는 인물들은 그나마 자료가 있어서 건축이든 인생이든 이야깃거리를 남긴 사람들이다. 아직 발굴되지 않은 자료도 있고 아예 잊힌 사람도 있을 것이다.

요즘은 근대건축에 대한 관심도 많고 답사 모임도 여럿이다. 등록문화재로 지정된 근대건축도 점점 늘어나는 추세다. 역사적인 형태를 보존하면서 공공건물로 리모델링하는 사례도 증가했다. 이럴 때 한번쯤 근대건축가들을 되돌아본다면 어떨까. 그들을 통해 그 시대의 또다른 이야기를 알게 된다면, 개발에 대한 관점이 조금은 달라지지 않을까? 보존 방식도 좀더 다양해지지 않을까? 언젠가 역사가 될 이 시대 건축과 건축가들에 대한 관심과 애정 역시 좀 나아지지 않을까?

이런 희망을 가져본다.

차례

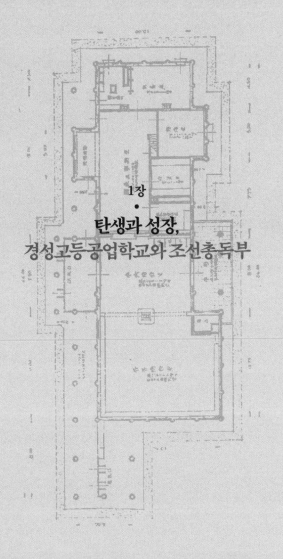

1장

·

탄생과 성장,
경성고등공업학교와 조선총독부

단짝 정현이가 입학원서 두 장을 사왔지요. 그걸 같이 써낸 것이 건축 공부의 시작이라고 할까요. 물론 그전에 우리 둘 다 고민도 많았고 의논도 많이 했습니다. 그때만 해도 사농공상의 관념이 남아 있어서 건축 공부는 이단시할 정도였으니까요.

_1916년 입학생 박길룡

원래는 일본에서 문학 공부를 할 계획이었죠. 그런데 선배가 경성에 새로 생긴 학교 이야기를 하더군요. 사실 건축에 대해서 아는 건 별로 없었고, 그저 막연히 미켈란젤로를 생각했습니다. 그 사람이 미술가이면서 건축가였으니까요. 나도 평소 미술을 좋아하는데다 앞으로는 기술 시대가 될 거라고 해서 결국 일본행을 포기했습니다.

_1917년 입학생 박동진

난 말야, 그림을 그리고 싶었어. 어릴 때부터 그림에 미쳐 있었으니까.

열다섯에 유화를 그려 입선을 했지. 그런데 백부가 죽기 살기로 반대를 하더군. 그림은 굶어죽기 딱 좋다면서. 세태가 아무리 바뀌어도 배를 곯지 않으려면 차라리 건축을 하라는 거야. 날 키워준 백부를 배신할 수는 없었어.

_1926년 입학생 이상

박길룡, 박동진, 이상. 이들이 다녔던 학교는 지금의 대학로 한국방송통신대학교 자리에 있었다. 1916년 일제가 설립한 '경성공업전문학교'였다. 1922년 제2차 조선교육령이 시행되면서 '경성고등공업학교'로 개편되다가 일제 말에 다시 '경성공업전문학교'가 되었다. 그럼에도 보통 '경성고등공업학교'라 부른다. 이 이름으로 가장 길게 유지되었을 뿐 아니라 이 기간에 건축 실무자도 가장 많이 배출했기 때문이다.

전공은 건축과, 토목과, 염직과, 응용화학과, 요업과, 광산과가 있었고 3년제였다. 입학 자격은 조선인은 16세 이상 고등보통학교 졸업자, 일본인은 17세 이상 중학교 졸업자였고, 입학시험을 통해 선발했다. 학칙상 일본인 학생의 비율이 전체의 3분의 1이어야 했지만 실제로는 일본인 학생이 압도적으로 많았다.

경성고등공업학교보다 먼저 세워진 학교도 있었다. 대한제국 시기인 1907년 설립된 '공업전습소'다. 지금의 한국방송통신대학 역사기록관이 공업전습소 본관으로 알려져 왔다. 르네상스 양식에 독일식 비늘판을 댄 목조 2층 건물 말이다. 그런데 2008년 국가기록원이 일제강점기의 도면을 분석하다가 새로운 사실을 밝혀냈다. '구 공업전습소 본관'으로 지정된 사적 279호가 사실 1912년 조선총독부가 신축한 중앙시험소 청사였고, 같은 부지에 공업전습소와 경성공업전문학교 건물이 있었다는 것.[1]

어쨌든 공업전습소에는 목공과, 금공과, 직물과, 화학제품과, 도기과가 있었는데, 목공과에 조가造家 분과가 포함되었다. 조가는 일본에서 'architecture'를 '건축'으로 번역해 부르기 전에 사용하던 번역어였다. 이런 이유로 공업전습소를 최초의 근대건축 교육기관으로 보는 시각도 있다.

하지만 건축 교육의 내용이나 졸업생의 사회 진출 분야를 따져보면 경성고등공업학교를 최초의 근대건축 교육기관으로 보는 게 적합하다는 주장도 존재한다. 실제로 공업전습소 입학 자격은 겨우 4년제 보통학교 졸업자였고, 교과과정은 기능공 양성소 수준이었다. 학제는 2년제 본과와 1년제 실과가 있었다. 졸업생 중에서 건축 활동을 했다고 알려진 사람도 손형순 한 명뿐이다.[2]

건축 관련 학교는 공업전습소와 경성고등공업학교 외에도 여럿 존재했다. 소화공업학교가 있었고 지역별로 직업학교와 공업보습학교도 운영되었다. 사립인 연희전문학교는 수물과(數物科, 수학물리학과)에서 건축 수업을 진행했다. 드물지만 미국과 만주에서 건축 공부를 한 사람도 있었다. 일본 유학은 일제 후반기에 많았다.

그들을 통틀어서 건축 활동을 가장 활발하게 했던 그룹은 경성고

1945년의 경성고등공업학교 전경.

경성고등공업학교 건물과 같은 부지에 있었던
사적 제279호(한국방송통신대학 역사기록관).

등공업학교 출신이었다. 경성고등공업학교는 사립이 아닌 관립인데다, 국내 유일의 고등공업 교육기관이라는 차별성이 있었다. 당연히 취직에서도 유리했다. 물론 조선인은 차별을 받았지만, 그 정도는 학과에 따라 달랐다. 건축과와 토목과는 조선인이어도 총독부 산하 설계조직에 취직할 수 있었다. 이상의 백부가 기대한 것처럼 그 시절 경성고등공업학교 건축과는 학력과 취업을 한꺼번에 해결할 수 있는 곳이었다. 박완서의 자전적 소설《그 많던 싱아는 누가 다 먹었을까》를 보면 당시 공립이나 관립 학교의 위상과 관청 취직에 대한 사람들의 기대치를 짐작할 수 있다.

> (엄마는) 오빠가 얼마나 들어가기 어려운 공립학교에 들어갔나 은근히 자랑을 했다. 거기만 나오면 총독부나 부청에 취직하는 건 문제도 없다고 했다.
>
> …
>
> 일본 관청이라도 관청에만 다니면 벼슬인 줄 알고, 장손이 장차 집안을 일으킬 만큼 출세하는 꿈에 부풀 수가 있었다.
>
> …
>
> 총독부에 취직이 된 자식은 가문의 영광이었다. 엄마가 더욱 당당해진 것은 말할 것도 없다.[3]

그렇다면 경성고등공업학교는 조선인이라는 신분을 세탁하고 신의 직장으로 들어가는 통로였을까? 1938년 졸업한 신무성은 경성고등공업학교의 분위기를 이렇게 회상했다.

> 일제의 교육정책에서 그 당시 관립학교는 경성제대와 여섯 개 전문학교가 있었는데, 표준학교의 성격으로 한국인은 잘 입학시키지 않았다. 당시 한일 학생 간의 대립은 심했으며 일본인들은 무엇을 하든 간에 천황을 내세웠다. 이러한 우상 신봉에 대한 반감과 각종 탄압에 대한 반감이 충만해 있는데다 일본인이 되라는 교육과 천대하는 대우 … 일인들의 우월감과 정복감 그리고 도대체 인간의 정상적인 대우가 전면적으로 결여되었다. … 총독부의 방침은 내선일체라고 부르짖고는 있었는데 구역질이 날 정도로 못마땅하기만 한 시대였다.[4]

차별은 직장에서도 마찬가지였다. 총독부 건축과에서 근무했던 유원준에 따르면 조선인은 승진이 어려웠고, 건축 청부업자들도 조선인이 공사 감독을 하면 얕보았으며, 월급도 일본인이 조선인보다 50퍼센트 정도 더 많았다고 한다.

그런데도 조선인의 관청 취업률이 높았던 것은 달리 선택의 여지가 없었기 때문이다. 1920년대까지 민간의 건축 수요는 적었다. 당시 건축 공사는 발주부터 설계, 감독까지 관청이 주도했다. 시공은 일본인 건설업자가 독점했는데, 조선인은 채용하지 않았다. 그 상황에서 학교 추천으로 관청에 들어가는 것이 그나마 최선이었고 최고였다. 반면 일

본인은 관청이든 민간 기업이든 조선만이 아니라 일본까지 선택의 폭이 넓었다.[5]

승진에서도 차별을 받았다. 총독부 건축조직은 직위가 위로부터 사무관, 기사, 기수, 촉탁, 고원 순서였다. 사무관은 행정 관료로 동경제국대학 법과 출신이 많았다. 기술직에서 최고 책임자는 기사였는데 동경제국대학 건축과나 토목과 출신들이 차지했다. 기사는 건축 실무 전반을 맡았고, 기수는 각 프로젝트를 담당했다. 일본인과 달리 조선인은 고원에서 기수까지 올라가는데 시간이 많이 걸렸다. 승진도 조선인은 대개 기수까지였다.[6]

학교에서도 직장에서도 차별받던 조선인 건축가에게 기회가 온 것은 1920년대 후반부터였다. 1920년 회사령이 철폐된 이후 성장한 자산가, 의학전문학교를 졸업하고 개업하기 시작한 의사, 실력양성운동을 벌이던 사립학교 인사들이 건축주로 등장했기 때문이다.

마침 조선인 건축가들도 어느 정도 실무를 쌓은 상황이었다. 드디어 동족의 건축주를 만난 건축가들은 백화점, 사옥, 공장, 학교, 주택, 병원, 극장 같은 건물을 독자적으로 설계할 수 있었다. 그러나 정식으로 설계사무소를 연 사람은 박길룡과 박인준 그리고 일제 말기에 이르러 사무소를 개설한 강윤 정도였다. 다른 건축가들은 직장을 다니면서 부업으로 설계를 하곤 했다.

하지만 그 기회는 일제의 침략전쟁과 경기 침체로 점점 줄어들었다. 그 무렵 건축과를 졸업한 사람은 갈 데도 마땅치 않았다. 징병을 피하

조선총독부 건축과 사무실 모습.

려면 군수산업체라도 들어가야 할 판이었다. 1930년대 후반을 기점으로 선배와 후배의 건축 인생도 달라졌다. 교육 환경, 실무 경력, 이념의 차이는 주류와 비주류, 기득권의 차이이기도 했다. 결국 그런 차이는 해방 뒤 갈등과 대립으로 터져 나왔다.

여기까지는 일반적인 이야기다. 언뜻 보면 근대건축가가 겪었던 차별과 녹록지 않은 성장사쯤으로 보인다. 그러나 조선인 건축가의 식민지 경험은 다른 보통 사람들과 거리가 있었다. 당시 건축은 세태가 바뀌어도 배를 곯지 않는 직업이었다. 기술자 수첩이 있으면 징용을 피하는 것도 가능했다. 무엇보다 그들의 직장은 총독부였고, 그곳에서 했던 일은 일제의 지배와 수탈을 위한 건물을 짓는 것이었다. 부업으로 했던 설계도 건축주가 해방 직후 반민특위에 회부된 사람들의 것이 대부분이었다.

이쯤 되면 친일 논란이 일어날 만하다. 그런데도 건축가는 별다른 주목을 받지 않았다. 건축주만 논란의 대상이었을 뿐이다. 건축계 내부에서는 해방 이후 좌익 성향의 후배들이 선배 건축가들을 비판하기는 했지만 한국전쟁 때 그들이 월북하면서 비판은 완전히 수그러들었다.

따지고 보면 건축가는 대중적 관심을 불러일으킬 만큼 친일 기준이나 활동 범주에 딱 들어맞지 않았다. 일단 겉보기에 건축가는 매판 기업인도, 고위 관리도, 독립운동가 탄압에 적극 가담한 인물도, 전시체제의 동원에 적극 협조한 인물도 아니었다. 건축가는 친일 범주로 분류된 관료, 경찰, 군인, 경제인, 언론인, 학자, 여성계 인사, 법조인, 문학가, 음악가, 미술가, 종교인에 포함되지도 않았다.

건축가에 대한 대중의 인식도 한몫했다. 사람들에게 건축가는 정신적 영향을 미치는 지사적 이미지가 아니었다. 건축가는 전통건축 장인이 하던 일을 신식으로 하는 새로운 기술자 정도로 인식되었다. 문학가가 민족개량론을 말하면 공분을 사지만, 건축가가 재래주택 개량론을 말하면 개량 방식만 관심거리였다. 그 밑에 깔린 민족개량론의 관점이나 오리엔탈리즘은 주목받지 못했다. 건축가는 기술자일 뿐이고 기술자는 가치중립적 존재라는 단순한 도식이 작용한 탓이다. 건축가는 정치나 사회 문제에서 빗겨난 무색무취의 존재였다.

그러나 그 시대 건축가들 중에는 3·1운동으로 옥고를 치른 사람도, 항일운동을 하다 망명한 사람도 있었다. 먹고살기 위해 건축을 했던 사람도 있었지만, 민족과 조국의 이름으로 건축을 택한 사람도 있었다. 일본에게 배운 건축으로 일본을 극복하려던 건축가도 존재했다. 서구 건축을 제일로 여겼던 건축가의 설계에 그들이 그토록 거부했던 전통이 숨어 있기도 했다.

그러니 그들이 겪은 삶의 뚜껑을 열고 좀더 들여다볼 필요가 있다. 독립투사가 아닌 한, 투철한 신념이나 의식을 가지지 않는 한, 친일과 저항의 꼭짓점이 아닌 그 사이의 무수한 회색지대를 살았던 사람들처럼 그 시대의 건축가도 타협과 저항, 동경과 콤플렉스 사이에서 갈등하고 싸우고 변화하고 좌절했다.

어쩌면 그 모습에서 제국주의시대 건축가와 신자유주의시대 건축가의 닮은꼴을 발견할 수 있을지도 모른다. 어쩌면 오늘날의 건축정책과 시스템, 건축의 가치가 100년 전과 별반 차이가 없다는 것을 확인할 수 있을지도 모른다. 식민의 흉터, 근대화의 상처가 어떻게 오늘의 발목을 붙잡고 있는지 알 수 있을지도 모른다. 그렇다면, 근대건축가의 삶은 한 번쯤 다시, '뭐 볼 게 있는' 대상이 된다.

2장
•
최초이자 최고 건축가의 이면, 박길룡

박길룡
•
1898~1943

서울에서 태어났다. 1919년 경성공업전문학교를 졸업하고 이듬해에 조선총독
부 건축기수로 들어가 당시 시공 중이던 조선총독부청사 신축공사에 실무자로
참여했다. 1932년 조선인 최초로 건축기사가 되었지만 곧바로 사직했다. 같은
해 7월 종로구 관훈동 197번지에 박길룡건축사무소를 열어 활발하게 활동했으
며, 조선인 건축가들의 유대를 강화하는 데 힘썼다. 1938년 사단법인 조선건축
회 이사가 되었고, 1941년 경기도 건축대서사(지금의 건축사와 유사) 조합장을 역
임했다. 그는 최초로 서구식 근대건축 교육을 받은 건축가였다.

대표작으로는 김연수주택(1929년), 조선생명보험사옥(1930년), 김명진주택
(1931년), 종로백화점 동아(1931년), 동일은행 남대문지점(1931년), 한청빌딩
(1935년), 화신백화점(1937년), 구영숙소아과의원(1936년), 경성여자상업학교
(1937년), 김덕현주택(1938년), 보화각(1938년), 전용순주택(1939년), 평양대동공
업전문학교(1940년), 혜화전문학교 본관(1943년), 이문당(1943년) 들이 있다.

1937년 11월, 종로 네거리에 준공된 건물은 묵직하고 당당했다. 서양 고전주의 양식을 철근콘크리트 구조로 지은 지하 1층 지상 6층 건물이었다. 화강석을 두른 1층 쇼윈도 앞은 구경꾼들로 북적댔다. 대리석 출입구는 모던 보이와 모던 걸이 팔랑거리며 드나들었다. 5층까지 쭉 뻗은 기둥은 그리스 기둥을 사각 틀에 넣고 납작하게 눌러놓은 듯했다. 기둥 사이로 촘촘하게 들어간 좁고 긴 창문 때문에 건물은 더 높아 보였다. 6층은 간결한 아치와 처마 장식으로 변화를 주었다.

옥상에는 정원과 전망대가 있었다. 건물 최상부에 설치된 대형 전광판에서는 광고와 뉴스가 흘러나왔다. 실내에는 최신식 엘리베이터와 에스컬레이터, 대식당과 그랜드홀, 상설 화랑, 사진관, 미용실과 스포츠 시설이 들어섰다. 전기, 난방, 환기, 급배수, 위생시설도 최첨단이었다. 소문대로 별천지가 따로 없었다.

경성 인구의 80퍼센트가 이 건물을 구경했다고 한다. 얼마나 크고 볼거리가 많은지 아침에 들어가면 해가 져서야 나온다는 둥, 말도 못하게 큰 하얀 돌집이라는 둥, 심지어 금칠한 건물이라는 둥 별의별 우스갯소리가 돌았다.

시골 노인들도 안다던 '장안의 명물'은 바로 화신백화점이었다. 설계를 한 사람은 늘 조선인 '최초'와 '유일'을 달고 다닌 건축가 박길룡이었다. 조선인 최초로 경성공업전문학교 건축과를 졸업했고, 조선인 최초로 조선총독부의 건축기수가 되었다. 또 조선인은 승진해봤자 기수까지가 한계였던 건축조직에서 조선인 최초로 최고기술자인 기사에 오른 인물이다.

일제강점기에 건축사무소를 최초로 개업한 조선인도 박길룡이었다. 그의 이름을 딴 '박길룡건축사무소'는 잘나갔다. 하루에 한 채씩 주택을 짓는다는 소문이 날 정도로, 종로 앞길에서도 뒷길에서도 박길룡이 설계한 건물을 볼 수 있다고 할 정도로….

박길룡은 감투도 많이 썼다. 1938년 조선인 최초로 유일하게 '조선건축회' 이사가 되었다. 조선건축회는 조선에서 활동하던 일본인 건축가들이 조직한 단체로, 창립 회원 360여 명이 거의 다 일본인이었다. 조선인은 건축 활동과 관계없는 박영효, 송병준, 이완용이 명예 회원으로 위촉되었을 뿐이다. 차츰 조선인 건축가들이 늘어나면서 조선인 건축가 회원 수도 늘었고, 그들의 글과 작품도 기관지인 〈조선과 건축 朝鮮と建築〉에 등장했다.[7]

1941년에는 경기도 건축대서사 조합장을 맡았다. 건축대서사는 시험에 합격하면 건축 허가 행위를 대신할 수 있다는 점에서 오늘날의

지금의 종로타워 자리에 있었던 화신백화점.

건축사와 비슷해 보인다. 하지만 일제가 건축대서사 제도를 시행한 목적은 따로 있었다. 지역별로 건축대서사 수를 규제해 건축 행위를 통제하기 위해서였다.[8] 박길룡은 같은 해 조선건축기사협회 이사장으로도 추대되었다. 그 자리 역시 조선인 회원으로서 유일했다.

고속도로를 질주하는 듯한 박길룡의 삶이 한순간에 멈춘 것은 1943년이었다. 겨우 마흔여섯의 나이에 뇌일혈로 세상을 떠났기 때문이다. 조선건축회는 〈조선과 건축〉 5월호에 박길룡 특집 기사를 내보냈다. 조선인과 일본인을 막론하고 추모와 애도의 글을 실었다. 일본인 건축가는 박길룡을 "반도 출신의 건축가로서 유일무이의 고봉"이라 평가하기도 했다.

승승장구의 역사였고 화려한 경력이었다. 문제는 그 시절이 일제강점기였다는 것. 화려하게 승승장구할수록 친일파로 오욕이 되는 시대였다. 일본인이 판치는 건축계에서 박길룡이 받은 대우를 생각해보면 어쩌면 무늬만 조선인이었나 싶기도 하다. 그러나 삶은 이력서만으로 설명되는 것이 아니다. '최초이자 최고의 근대건축가' '근대건축의 선구자'라는 수식어 이면의 삶은 어땠을까.

박길룡은 요즘 말로 흙수저였다. 1898년, 오늘날 종로 4가 시계상가 근처에서 영세한 미곡상의 장남으로 태어났다. 너무 가난해서 열 살 때부터 쌀 배달, 물장수, 담배쌈지 깁기, 단춧구멍 뚫기, 행상 들을 하며 고학을 했다. 그가 나고 자란 종로는 영화 〈장군의 아들〉에 나오는 그 종로였다. 일본 상권이 아무리 설쳐대도 감히 넘볼 수 없던 민족의

자존심 종로였다. 경성에서 태어난 일본인 소설가 가지야마 도시유키梶山季之와 경성에서 어린 시절을 보낸 일본인 작가 혼다 야스히루本田靖春가 경험했던 종로도 그랬다.

경성에서 살면서 가지(梶, 소설 속 등장인물)는 여간해서 종로 부근은 걷지 않았다. 그곳은 순수한 조선인 거리로, 혼자 걷고 있으면 왠지 아주 불안한 감정에 사로잡히기 때문이다. 극단적으로 말하자면 왠지 기분이 나빴다.[9]

그 좁은 구역에서 한 걸음 벗어나면 우리는 무의식적으로 움츠러들었다. 조선 아이들과 싸움이 벌어질까 두려워 항상 불안감이 떠나지 않았기 때문이다. 식민지 지배는 국가 차원의 일로 아이들의 세계는 조선인의 천하였다. 우리는 늘 겁을 집어먹고 있었다.[10]

확실히 종로는 조선인의 공간이었다. 박길룡이 건축사무소를 종로에 개설한 것도, 그가 설계한 건물을 종로 앞길에서도 뒷길에서도 볼 수 있었던 것도, 종로지부 건축대서사 네 명 모두가 조선인이었던 것도 그래서였다. 친일 자본가 박흥식이 화신백화점을 종로에 신축한 것 역시 '민족'을 내세워 소비자를 끌어들이기 위해서였다.

종로 특유의 민족 정서, 가난한 집안의 장남이라는 처지, 고학을 했던 생활력 때문이었을까. 박길룡을 아는 사람들은 한결같이 이런 단어로 그를 설명했다. 성실함, 활달함, 유머 감각, 의협심, 결단력, 보스 기질…. 그 기질 덕에 들어갈 때도 차별, 나올 때도 차별이라던 경성공업전문학교에서 줄곧 일본인을 제치고 급장을 했다.

그렇게 자신이 처한 환경과 싸우며 미래를 향해 한걸음씩 나아갈 때 3·1운동이 일어났다. 경성공업전문학교에 다니던 조선인 학생 30여 명 중에서 20명이 독립만세 시위에 참여했고 그중 13명이 판결을 받았다. 건축과 후배 박동진은 서대문형무소에서 6개월 동안 옥고를 치르고 집행유예 2년을 선고받은 뒤 만주로 떠났다.

그런데 평소 의협심이 강하고 보스 기질이 있던 박길룡은? 다른 건축가들보다 더 유명해서 자료와 증언이 많이 남아 있는데도 그 부분에 대한 언급은 없다. 당시 그의 처지를 상상해본다. 졸업을 코앞에 둔 상황에서 아래로 동생 넷이 있다. 게다가 이미 결혼을 해서 한 가정의 가장이었다. 이제 막 인생의 한 고비를 겨우 넘으려는 순간이었다. 그러니 '당장의 감정은 억누르고 멀리 보자'라고 생각했을까.

어쨌든 박길룡은 3·1운동 직후인 3월 말에 경성공업전문학교를 무사히 졸업했다. 이듬해에는 조선총독부 건축기수로 취직했다. 기수는 하급 관리였다. 그 위로는 사무관과 기사가, 아래로는 촉탁과 고원이 있었다. 사무관은 행정관료였고, 기사는 건축 실무 전반의 책임자였다.

그 기사를 박길룡이 조선인 최초로 했다지만, 경성고등공업학교 교수였던 이균상은 좀 다른 이야기를 남겼다. 당시 조선인 기사는 없었고, 박길룡이 받은 기사는 퇴직을 앞둔 사람을 대우하는 참기사였다는 것이다.[11] 실제로 박길룡은 기사가 된 지 이틀 만에 퇴직했고 두 달 뒤 자신의 사무소를 열었다.

박길룡이 총독부에서 근무한 기간은 12년이다. 총독부가 주관한 건축에 설계자의 이름을 올리는 경우는 드물었기 때문에 그가 맡은 건물을 정확히 알기는 어렵다. 그나마 알려진 건물은 1916년 착공해 10년 만에 완공된 조선총독부 청사와 1931년 준공된 경성제국대학 본관 정도다.

박길룡이 조선총독부 공사에 참여했다는 사실은 1996년 중앙돔을 해체했을 때 동판 상량문이 발견되면서 확인되었다. 동판 상량문에는 전·현직 총독과 건축 기술자 53명의 명단이 새겨져 있었는데, '기수 박길룡'이 조선인으로서는 유일하게 포함되었다.[12]

경성제국대학 본관은 해방 뒤 서울대학교 본관, 한국문화예술위원회 청사로 사용되었다. 1981년 사적 278호로 지정되었고, 2010년부터 '예술가의 집'으로 쓰이고 있다.

박길룡이 자신의 존재감을 드러내기 시작한 것은 1920년대 후반부터였다. 그것도 총독부 안과 밖에서, 건축 안과 밖에서, 다방면으로, 맹렬하게, 그러나 모순적으로! 박길룡은 낮에는 총독부에서 건축 일을 하고, 밤에는 부업으로 조선인이 의뢰한 주택과 사무소를 설계했다. 대표적으로 김성수의 동생 김연수주택(1929년), 조선생명보험사옥(1930년), 김명진주택(1931년), 종로백화점 동아(1931년), 동일은행 남대문 지점(1931년) 들이다.

부업으로 쌓은 경험과 인맥을 바탕으로 박길룡은 1932년 자신의 사무소를 열 수 있었던 것이다. 박길룡건축사무소 시절에 설계한 건축은 한청빌딩(1935년), 구영숙소아과의원(1936년), 화신백화점(1937년), 경성여자상업학교(1937년), 김덕현주택(1938년), 보화각(1938년), 전용순주택(1939년), 평양대동공업전문학교(1940년), 혜화전문학교(1943년), 이문당(1943년) 들이다.

김덕현주택은 친일파 윤덕영이 딸과 사위를 위해 지어준 집이다. 1972년 박노수 화백이 구입한 뒤에는 박노수주택으로 불렸고, 현재는 종로구립박노수미술관이 되었다. 평양대동공업전문학교는 사회주의 이상향을 꿈꾼 자본가 이종만이 설립한 학교였는데, 해방 뒤 김일성대학에 통합되었다. 보화각은 간송 전형필이 세운 최초의 사립박물관으로, 1966년부터 간송미술관과 한국민족미술연구소가 되었다. 친일파만이 아니라 사회주의자나 민족주의자들도 박길룡에게 설계를 맡겼다.

박길룡의 활동은 건축 밖으로도 뻗어나갔다. 1926년부터 신문, 잡지, 건축 전문지에 많은 글을 발표했다. 지역별 재래식 주택 개량 방안, 부엌과 온돌 개량 같은 건축 계몽에 관한 글이 많았는데, 건축사무소를 개업할 즈음에는 조선가옥건축연구회를 설립하고 소책자를 만들어 배포하기도 했다.

그가 주장했던 주택 개량론의 핵심은 '조선식' '과학화' '능률화'였다. 그런데 '조선식'이라니, 경성공업전문학교와 총독부에서 서양식 건축을 해온 그가 왜? 더구나 당시는 한창 서양풍 문화주택이 유행할 때

박길룡이 공사에 참여한 조선총독부 청사.

경성제국대학 본관이었던 대학로 '예술의 집'.

였다. 사회 유명인사들은 재래주택을 문명의 반대말쯤으로 여겼고, 심지어 온돌 폐지론마저 나올 때였다. 그때 박길룡은 이런 글을 썼다.

요사이 걸핏하면 문화주택, 문화주택 합니다. 그러나 문화주택이라는 것은 그나마 문화에 적합한 문화주택이어야 할 것이오. 따라서 문화주택이라고 그저 양옥집이나 일본 주택만이 아닐 것 같습니다. 첫째, 그 나라 그 민족 그 향촌 그 도시인의 감정과 더 나아가 그 나라의 통일된 특수한 정서가 드러나지 않으면 안 됩니다. 그리고 우리들의 문화주택이라고 하면 그것은 결코 집치장을 말함이 아니라 가난한 우리 조선 사람에게 소비가 덜 되고 쓸모 많고 불품美觀이 좋아야 하겠습니다. 그리고 무엇보다도 돈 적게 드는 것이 제일 좋을 것 같습니다.[13]

우리의 장구한 생활이 낳은 재래 형식을 토대로 하고, 우리 지방의 산물을 재료로 하여, 과학적인 양식의 구축법을 구성 수단으로 하고, 우리 취미로 장식하여 현대 우리 생활의 그릇이 될 주택이 우리 생활의 표현일 것이다.[14]

그렇게 해서 나온 것이 절충식이었다. 외관과 구조는 서양식, 온돌과 가구는 조선식, 실내 공간은 일본식이었다. 특히 박길룡은 재래주택의 중정식 배치를 비판하고, 대안으로 집중식 배치를 제시했다.

중정식 배치란 대지의 중앙을 마당으로 비우고 대지 경계를 따라 건물을 배치하는 방식이다. 박길룡이 볼 때 이 방식의 문제점은 이랬다.

마당의 기능은 그저 통로와 작업을 위한 공간에 불과하다. 차라리 그 기능을 다른 곳에서 해결하면 텅 빈 마당 대신 볼거리가 있는 정원이 된다. 건물을 대지 경계를 따라 ㄱ자형이나 ㄷ자형으로 배치하면 향이 나쁜 방이 생기고, 이웃집과 가까워져 환기와 채광도 나빠진다. 다른 방으로 갈 때는 일일이 신발을 신고 벗어야 하는 불편함도 있다.

그래서 대안으로 제시한 집중식 배치는 건물을 대지 중앙에다 한 덩어리로 짓는 방식이다. 사랑채, 행랑채 등으로 분리된 형태가 아니라 하나로 통합된 집이다. 집 내부에 대청을 없애고 복도를 놓는다. 복도를 기준으로 남쪽에 방을 배치하고 그 앞쪽에 정원을 둔다. 복도 북쪽에는 주방과 화장실 등을, 그 뒤쪽에는 집안일을 하는 작은 마당을 배치한다. 집중식 배치의 장점은 현관문을 열면 복도를 통해 각 방들이 연결되므로 동선이 간단해진다. 복도 남쪽에 방과 정원이 있어서 채광이나 환기, 조경 문제도 향상된다.

이런 식으로 박길룡은 재래주택의 문제점을 과학적이고 능률적이며 실용적으로 해결하려 했다. 그런데 박길룡의 집중식 평면은 속복도형 일본식 주택과 비슷했다. 해결 방식도 물리적인 결합에 가깝다. 조선식은 단지 온돌을 놓는 것에 불과했고, 마당을 비롯해 전통 공간을 보는 관점도 즉물적인 편이었다.

현대건축에서 마당은 박길룡이 단점으로 지적했던 바로 그 이유 때문에 주목을 받는다. 볼품없는 텅 빈 공간이 아니라 다양한 활동이 일

생活改善私案

위치와 구조의 개량

위생적, 능률적으로 꾸려

朴吉龍

1938년 1월 1일자 〈동아일보〉에 실린 박길룡의 "생활개선사안 부엌에 대하야".

어나는 가능성과 잠재성을 가진 공간으로 말이다. 중정식의 ㄱ자형이나 ㄷ자형 평면도 공간을 어떻게 배치하느냐에 따라 채광과 환기, 조경만이 아니라 사생활을 보호하는 데도 유리할 수 있다.

사실 박길룡에게 더 절실했던 것은 '조선식'보다 '과학화'였다. 그는 일제강점기에 과학 대중화 운동을 이끌었던 '발명학회'의 핵심 인물이었다. 최초의 종합과학 잡지 〈과학조선〉에도 과학의 생활화를 주장하는 그의 글이 실렸다. 박길룡은 과학의 생활화 없이는 사회가 진보할수도, 생존 경쟁에서 이길 수도 없다고 여겼다.

어쩐지 '선실력양성 후독립'을 내세운 실력양성운동 냄새가 난다. 맞다. 발명학회는 사회진화론의 영향을 받았다. 사회진화론의 약육강식과 근대화 논리는 식민 지배를 정당화하는 구실이 되었다. 거기에 빠진 신지식인들은 일제가 허용한 범위 안에서 활동하다가 제 꾀에 넘어가듯 일제에 동조하는 결과를 낳기도 했다.

박길룡의 '과학화'는 그의 건축관이기도 했다. 과학의 합리주의, 장식을 배제한 기능주의 미학, 기술의 진보를 표현하는 구조와 재료, 공업화와 산업화가 이룩한 생산 시스템… 이런 모더니즘 건축에 박길룡은 반했던 것이다. 무엇보다 그것은 총독부에서 만들어온 건축과 달랐다. 식민지에서 제국의 권위를 위압적으로 드러내는 고전주의 양식이 아니었다. 기능적이고 경제적인 모더니즘은 그의 자본가 건축주가 좋아할 만한 것이었다.

그렇다면 박길룡이 독자적으로 설계한 건축은 모더니즘을 제대로 구현했을까? 여기에도 이론과 현실의 차이가 있다. 단순한 형태, 장식 배제, 기능 분할, 수평성 강조, 평지붕 사용, 비대칭적 평면 구성 같은 모더니즘 요소를 채용하긴 했다. 그럼에도 조선식, 서구식, 일본식을 절충한 개량주택처럼 모더니즘과 고전 양식을 절충한 과도기적 형태가 남아 있다. 그의 대표작인 화신백화점이 바로 그런 경우다.

이런 한계는 식민지의 건축 현실에서 당연한 것일지도 모른다. 당대 일본과 중국의 건축가들은 근대건축의 원산지인 서구에서 유학하고 직접 세계를 돌며 답사를 다녔다. 반면 조선인 건축가는 일제의 관립학교에서 고작 3년간 기술 위주의 교육을 받고 관청에서 실무를 익힌 게 전부였다. 전 세계적으로 퍼졌던 모더니즘 건축도 식민지라는 우물 안에서 일제가 던져준 자료를 통해 이해한 것이었다.

일제 말기에 이르자 박길룡의 이름도 전시단체에 올랐다. 1940년 일제는 '국민총력조선연맹'을 결성했다. 황민사상을 전파하고 헌금, 공출, 징병, 징용, 학병을 독려하며 전쟁 분위기를 끌어올리는 등 전시체제를 지원하는 단체였다. 박길룡은 1941년 국민총력조선연맹 문화부 위원으로 위촉되었고, 1943년에는 후생부 위원이 되었다. 그것이 자발적 선택인지, 어쩔 수 없이 이름만 올려놓은 것인지, 그곳에서 구체적으로 무슨 일을 했는지는 알려진 것이 없다.

그런데 그 무렵 박길룡은 우리말로 된 최초의 월간 건축신문인 〈건축조선〉을 창간했다. 또 뇌일혈로 사망할 때까지 《조선어 건축용어집》 발행을 위해 원고를 썼다. 조선어가 필요하지도 사용되지도 않는 상황인데도 말이다.

박길룡은 앞과 뒤가 달랐다. 앞에서는 일본인이든 조선인이든 두루 두루 인정을 받고 인맥을 쌓은 성공한 건축가였다. 뒤에서는 격렬하진 않지만 그 나름의 방식으로 조선인의 정체성을 끌고 나갔다. 그것이 3·1운동에 대한 부채의식 때문인지, 종로에서 일본인과 대치하며 삶을 버텨온 조선인의 근성 때문인지는 모르겠다. 그의 건축주도 윤덕영부터 박흥식, 전형필, 이종만까지 극과 극이었다.

박길룡의 몸은 친일이라는 환경에 있었고, 마음은 조선인의 염원을 품었다. 의식은 제국을 향한 동경과 식민지의 콤플렉스에 흔들렸다. 식민 교육, 식민 권력, 식민 자본을 바탕으로 성장한 그 시대 건축가의 이중적이고 모순적인 내면이었다. 자본과 권력은 가까이 있지만 정작 그것을 자신의 것으로 만들 수 없는 식민지 건축가의 운명이기도 했다.

장면 하나를 떠올려본다. 그가 평생을 보낸 종로에 박길룡건축사무소가 있었다. 그곳은 언제나 조선인 건축가들로 붐볐다. 직원은 모두 조선인이었다. 직원이 아닌 건축가들은 퇴근 후에 모였다. 총독부에서 임금 차별을 받던 그들은 그곳에서 부업을 했다.

일만 하는 곳은 아니었다. 선후배 건축가들이 모여 건축 계몽 책과 건축신문을 펴냈다. 일본 건축잡지에 소개된 해외 건축을 보며 새로운 건축에 대한 토론도 벌였다. 세상 돌아가는 이야기를 하다가 울컥하기도 했다. 박길룡건축사무소는 박길룡만의 일터가 아니라 식민지 조선의 건축가들이 응집하던 근거지였다.

　내가 생각하는 박길룡의 최고 업적은 이런 것이다. '최초'와 '유일'의 신화가 아니다. 그는 '최초'와 '유일'이라는 영향력으로 차별받던 조선인 건축가들을 품었다. 그들과 함께 건축 안과 밖을 넘나들었다.

　일제강점기에 가장 잘나가던 그가 세상을 떠났을 때 동료 건축가들은 그의 가족을 위해 모금운동을 벌였다. 거기에는 조선인도 있었고 일본인도 있었다. 후배 건축가 김세연은 자신의 회사를 접고 박길룡건축사무소 이름을 그대로 유지한 채 해방이 될 때까지 이어나갔다. 후배 건축가들이 백발이 된 뒤에도 에피소드를 떠올리며 가장 많이 추억했던 사람, 그가 바로 박길룡이었다. 박길룡의 진짜 역량은 그런 데에 있었다.

3장
•
불꽃 대신 선택한 건축,
박동진

박동진
●
1899~1980

평안북도 정주에서 태어났다. 1916년 오산고등보통학교를 졸업하고 1917년 경성공업전문학교 건축과에 입학했다. 그러나 재학 중 3·1운동에 연루되어 투옥되었다가 집행유예로 풀려나 만주와 시베리아를 떠돌았고, 이후 조선으로 돌아와 경성고등공업학교(경성공업전문학교 후신)에 재입학해 1926년 졸업했다. 졸업 후에는 조선총독부 건축기수가 되어 기량을 닦았다. 1940년 조선총독부 기사 고등관 7등으로 임명된 직후 사임한 그는 태평건물주식회사를 설립해 활동했다. 1946년 박동진건축연구소를 개설했고, 한국전쟁 중 대구 피난 시기였던 1951년부터 일 년 반 동안 대구 청구대학에서 건축사와 건축계획 등을 가르쳤다. 1962년 후배들과 함께 기신건축연구소를 설립하고 대표직을 수행했지만, 1964년 10개월간의 서구 여행을 마친 뒤 현업에서 은퇴했다.

대표작으로는 보성전문학교의 여러 건물이 있다. 보성전문학교 본관(1934년, 지금의 고려대학교 본관)과 도서관(1937년), 서관(1955년 1단계 완공, 1961년 2단계 완공), 외인 교수 사택(1956년), 농과대학(1956년), 신관(지금의 대강당, 1957년), 여학생회관(1958년, 철거), 과학관(1960년), 박물관(1962년), 이공대학 본관(1964년)이 그가 설계한 것들이다.

"벤딩 모우멘트Bending Moment?"

"시메트리symmetry!"

처음 들은 낱말은 설렘이고 동경이었다. 어찌나 새롭고 인상적인지, 하루 종일 머릿속을 맴돌고 혀끝에 착 달라붙었다. 경성공업전문학교 건축과 학생들은 교정을 오고가며 그날 배운 낯선 낱말로 인사를 대신했다. "벤딩 모우멘트?" "시메트리!" 웃으면서 장난처럼 했지만, 박동진에게 그것은 신학문에 대한 설렘이고 신세계에 대한 동경이었다.

1919년 3월 1일, 곧 마지막 학년에 오를 박동진은 거리로 뛰쳐나갔다. 독립만세를 부르고 가두행진을 하며 대중을 선동했다. 그에게는 당연한 일이었다. 박동진의 고향은 평안북도 정주, 민족교육으로 유명한 오산학교가 있는 곳이었다. 부친은 오산학교 교장을 지냈고 자신도 오산학교 출신이었다.

박동진이 3·1운동에 가담한 대가는 컸다. 서대문형무소에서 6개월간 옥고를 치르고 집행유예 2년을 선고받았다. 경성공업전문학교에서도 퇴학을 당했다. 고향 상황은 더 심각했다. 오산학교 설립자 이승훈은 3·1운동의 민족 대표 33인으로 체포되었다. 오산학교는 만세운동에 대한 보복으로 일제가 불태워버렸다.

박동진은 출옥 후 막막한 시간을 보내다 그해 가을 조선을 떠났다. 만주와 시베리아를 떠돌며 일 년 반을 보냈다. 훗날 박동진은 그 시절을 '방랑의 길'이라고 표현했다. 다른 어느 곳도 아닌 만주에서 '투쟁'이 아닌 '방랑'을 했다니, 그곳에서 그는 무엇을 보고 느꼈던 걸까? 결국 귀국길에 오른 박동진은 당시 심정을 이렇게 밝혔다.

> 이렇게 가다가는 아무것도 안 될 것 같고 청년 시절만 놓쳐버리게 되겠다는 결론으로 젊었을 적에 무엇이나 배워두는 것이 인생으로서의 첫 조건이라고 판단했다.[15]

옥고를 치른 지사의 결의 대신 흔들리는 청년의 불안이 어른거린다. 항일독립운동 본거지에서 정작 투쟁의 불꽃은 잦아들었고, 그가 선택한 것은 현실이었다. 귀국 후 박동진은 생활에 충실했다. 함흥에서 고등보통학교 수학 선생으로 일하면서 가족을 돌보고 자식도 얻었다. 그렇게 평범한 시간을 보내다가 경성고등공업학교에 재입학을 요청했다.

경성고등공업학교는 박동진이 퇴학당하기 전에 다녔던 경성공업전문학교가 1922년 조선교육령으로 개편된 학교였다. 경성고공은 재입학을 허가했고, 박동진은 퇴학당한 지 5년 만인 1924년 다시 학교로 돌아갔다. 경성고공의 여느 조선인처럼 박동진도 졸업 후에는 조선총독부에 취직했다. 남들보다 한참 늦은 스물일곱의 나이였다. 후배들은 어느새 경력을 꽤 쌓은 직장 선배가 되어 있었다. 그때부터 박동진의 건축 인생은 더이상 주춤거리지 않고 달리기 시작했다.

박길룡이 그랬듯 박동진도 신문이나 잡지에 건축 계몽에 관한 글을 발표했다. 박길룡이 그랬듯 박동진도 낮에는 총독부에서 일하고 밤에는 조선인이 의뢰한 건축물을 설계했다. 그러나 박동진의 글과 건축은 박길룡과는 좀 달랐다. 박길룡이 '재래주택 개량론'을 업급했을 때 박동진은 '재래주택 개혁론'을 내세웠다. 박길룡이 "건축가 입장에서 온돌만은 절대 유지합시다"라는 글을 썼을 때, 박동진은 '온돌 폐지론'을 주창했다. 박길룡은 절충적이고 타협적이었고, 박동진은 급진적이고 비타협적이었다. 박동진은 개혁의 이유를 이렇게 설명했다.

외관미의 빈약함! 변화의 결여! 어느 점엔들 애착을 느끼게 하는 데가 있는가? 국민성의 무기력한 표현밖에는 아무것도 아니다. … 이용 가치에 있어서는 너무도 비현실적이요. 건축 그 자신으로부터 생명이 끊어진 지가 오래되었다. … 건축 재료에 있어서는 그 또한 너무도 원시적이니 단일한 목재, 점토, 무세공의 석재와 … 어느 모퉁이나 규격에 통일의 미는 물론 맛볼 수 없다. 원시경제시대, 봉건시대에 생각해낸 평면계획이 아직도 없어지지 않고 있다는 것이 이상스러워서 못 견

디겠다. 오늘날 모든 사물을 과학적이고 보다 합리적이고 보다 유기적으로 처리하는 시대에 이 비능률적인 평면을 우리의 생활은 거부하지 않을 수 없게 되었다. … 필자는 우리 생활에서 온돌 폐지론자다. … 국민성의 무기력과 비능률적인 생활이 모두 이 좌식생활에서 오는 온돌과 관련이 있다. 산야가 황폐하게 된 것도 이 온돌의 죄다.[16]

결여, 무기력, 비현실적, 원시적, 비능률적…. 박동진이 재래건축을 보는 관점은 부정적이고 자조적이기까지 하다. 실력양성운동, 과학운동, 근대 교육의 그늘이기도 했다. 왕년에 '벤딩 모우멘트' '시메트리'라는 단어에 가슴이 뛰었던 박동진의 정서는 온돌과 어울리지 않았던 모양이다. 온돌에 대한 거부감은 다른 분야 지식인들도 마찬가지였다. 국어학자 이극로조차 이렇게 말할 정도였다.

나는 외국에 갔다가 돌아오면서 제일 먼저 느끼고 부르짖은 것이 조선집은 짓는 것이 아니라, 땅에다 집을 바른다고 했습니다. … 조선집은 짓기 전에 먼저 뚜드려 부셔야 합니다. … 왜 그 온돌을 짊어지지 못해 안달이냐 말입니다. … 나는 근본적으로 온돌을 부인합니다.[17]

온돌에 대한 부정적 평가는 그만한 이유가 있었다. 당시 온돌은 나무를 땔감으로 사용했기 때문에 삼림 훼손이 심각했다. 온돌방에는 창이 없거나 있다 해도 너무 작아서 환기가 잘 안 된다거나 채광이 좋지 않아 위생 문제도 발생했다. 일부 지식인들은 온돌을 민족성과 결부시켜 설명했고 심지어 '온돌망국론'까지 거론했다. 온돌은 바닥면에서 직접 열을 받기 때문에 움직임이 둔한 좌식생활을 하게 되고, 그래서 조선인이 게을러졌고 조선이 망하게 되었다는 논리였다.

특히 1920년대 조선에 온 일본인들이 심하게 온돌을 비판했다. 하지만 조선의 추운 겨울을 몇 번 겪고 나자 그들 입에서 이런 이야기가 흘러나왔다. '온돌은 한겨울에 따뜻할 뿐만 아니라 취사까지 할 수 있다, 여름에는 바위에 누운 듯 시원하다, 다다미보다 청소가 쉽고 먼지도 없어서 더 위생적이다.' 그렇게 일본인들의 온돌 수요가 늘자 일본인 민간업자들은 개량온돌을 만들어내기 시작했다. 온돌의 구조를 개량해 효율을 높였고 연탄을 새로운 연료로 대체했다. 서양식 주택에 설치하는 온돌은 철근콘크리트나 벽돌 같은 새로운 재료로 제작했다.[18]

1940년에는 〈조선과 건축〉에 온돌 특집 기사가 나왔다. "건축가 입장에서 온돌만은 절대 유지합시다"를 주장해온 박길룡은 직접 개량온돌을 연구했다. 박길룡과 박동진 둘 다 좋아했던 미국 건축가 프랭크 로이드 라이트(Frank Lloyd Wright, 1867~1959)도 온돌의 우수성을 인정하고, 일본의 제국호텔(1915~1922) 욕실과 미국 주택에 온돌을 설치했다. 이런 움직임이 있었는데도 1941년 당시 박동진은 여전히 온돌을 무기력한 국민성과 구태의연한 주거문화의 상징으로 여겼다. 왜 그랬을까.

박동진의 '재래주택 개혁론'과 '온돌 폐지론'에 깔린 논리는 어딘가

'오리엔탈리즘'을 닮았다. 오리엔탈리즘은 제국주의 시대에 서양이 동양을 보는 방식이었고, 서양과 동양에 대한 이분법적 이미지였다. 서양의 이미지는 합리성, 자유, 진보, 문명, 승리, 역동성이었고, 동양의 이미지는 비합리, 예속, 후진성, 야만, 패배, 무기력이었다. 우월한 서양과 열등한 동양으로 재현된 이미지는 식민주의를 정당화했다.

일본은 메이지유신 이후 '아시아의 서양'을 자처하며 오리엔탈리즘을 일본식으로 각색했다. 우월한 일본이 열등한 조선을 문명화하기 위해 식민 지배를 한다고, 그것이 문명국 일본이 해야 할 역사적 사명이라고 말이다.

아이러니하게도 오리엔탈리즘에 쉽게 젖어들었던 사람은 식민지의 엘리트들이었다. 일찍이 서양 문물을 접했거나 신학문을 배운 사람일수록, 실력양성론이나 사회개조론을 추종했던 사람일수록 오리엔탈리즘의 서양 중심주의가 내재되었다.

박동진은 기독교 집안에서 성장하고 기독교계 민족학교인 오산학교를 다녔다. 3·1운동에 가담한 뒤에는 방랑과 갈등의 시간을 보내며 약자의 적나라한 현실도 목격했다. 그랬기에 새 술을 새 부대에 담고 싶었던 게 아닐까. 바쁘게 따라잡아야 할 근대화를, 개량이 아닌 개혁과 폐지로 속전속결 해결하고 싶은 조바심이 난 건 아니었을까.

박동진이 생각하는 이상적인 건축은 "전통과 인습에 얽매인 건축에 반항"[19]하는 모더니즘 건축이었다. 박동진이 여러 글에서 소개했던 이상적인 건축가는 프랑스의 르코르뷔지에Le Corbusier, 오스트리아의 오토 바그너Otto Wagner, 네덜란드의 헨드릭 베를라헤Hendrick Petrus Berlage 그리고 러시아 구성주의 건축가들이었다. 모두 각국을 대표하는 모더니즘 건축의 선구자였고, 구시대의 고전 양식에서 벗어난 신건축을 주창했다. 장식적인 요소를 부정하고 산업화·공업화·기계화·국제화 시대를 반영한 기하학적 형태와 재료를 추구했다.

당연히 박동진도 그런 건물을 설계했을 것 같다. 그런데 뜻밖에도 그의 대표작은 보성전문학교 본관(1934년, 지금의 고려대학교 본관)과 도서관(1937년)이다. 모두 고딕 양식으로 지은 석조건축이다. 모더니즘 건축이 비판했던 전근대적 형태와 재료다. 그렇다면 박동진의 글은 모더니즘 건축을 '지향'하고 설계는 모더니즘 건축을 '지양'한 것일까. 이 역설을 어떻게 설명할 수 있을까.

박동진은 보성전문학교 건축주 김성수(1891~1955)를 지인의 소개로 만났다. 당시 사십 대 초반이었던 김성수는 경영난에 빠진 보성전문학교를 인수한 상태였다. 그는 새로운 터전에 새로운 교사를 지어 조선 최고의 민족사학을 키우고자 했다. 그런 김성수에게 삼십 대 중반의 박동진은 몇 안 되는 조선인 건축가였고, 무엇보다 오산학교 출신에 3·1운동 전력을 가진 인물이었다.

젊은 건축가와 건축주는 의기투합했다. 두 사람은 안암동의 학교 터를 함께 물색했고, 나중에는 아예 김성수의 자택 2층에 설계실을 차려 숙식을 해가며 보성전문학교 본관 설계에 매달렸다. 그들은 건축 재료부터 정했다. 민족학교니만큼 강인하고 영구적인 외관을 원했다. 그래서 선택한 것이 화강석이었다. 화강석은 박동진이 비판해온 전통건축의 문제점을 해결할 수 있는 재료였다. 원시적이고 내구성이 약한 재료가 아닌데다, 조선에서 풍부하게 산출되기에 박동진이 주장했던 풍토성과도 맞아떨어졌다.

그다음으로 화강석과 어울릴 만한 건물 형태를 고민했다. 참고자료는 김성수가 미국과 유럽 순방길에 찍어온 유명 대학들의 사진이었는데, 고딕 양식이 많았다. 대학은 중세에 시작되었고 중세건축은 고딕의 시대였으니 그럴 만도 했다. 1920년대에 준공한 연희전문학교의 소박한 석조 고딕도 참고가 되었다.

총독부 소속 건축가인 박동진이라면 고딕 양식에 또다른 의미를 부여했을 것이다. 조선총독부가 조선에 세운 건물은 거의 대부분 고전주의 건축이었다. 어차피 서양식 건축을 한다면 제국주의가 유행시킨 고전주의 건축은 피하고 싶었을 것이다. 더욱이 19세기 유럽에서 진행된 고딕 리바이벌은 민족주의·국가주의와 병행한 낭만주의 건축이었다.

주목할 점은 박동진이 고딕 양식을 고딕 공법이 아닌 근대적 공법으로 시공했다는 것이다. 구조는 철근콘크리트와 무근콘크리트로 했고, 외장재는 화강석을 사용했다. 화강석을 쌓는 방식도 특이했다. 전통 완자창 문양을 응용해 만든 '완자 쌓기'였다. 완자 쌓기는 1980년대 대형 사무소 건물이 시공되기 전까지 널리 사용되었다.[20] 사실 박동진은 '재래주택 개혁론'과 '온돌 폐지론'을 주장했을 때 단서를 붙였다. 외래 건축을 맹목적으로 추종해서는 안 되고, 조선의 풍속과 풍토에

◇一 新築 普成 專門 學 校 校舍 全景 設計 圖◇

普成專門에기쁜消息

廿萬圓으로校舍新築

設計完了로不日工事着手

東郊에展開될學府村

近代모듸式의

石造六階建

◇建物의 內容은 이러해◇

實用과美觀을兼備

적합해야 한다고.

그렇다면 여기서 다시 생각해보자. 박동진의 석조 고딕 건축은 전근대적인 것인가, 아닌가? 표면적으로는 전근대적으로 보인다. 그러나 이면의 의미는 그렇지 않다. 일제가 조선에서 사용하지 않았던 고딕 양식, 철근콘크리트라는 근대적 건축 기술, '완자 쌓기'라는 전통 요소, 화강석이라는 지역성이 결합되었기 때문이다. 외관은 서양의 전근대, 구조는 서양의 근대와 조선의 전통 요소, 재료는 조선의 것이 한데 엉켜 있는 것이다. 마치 제국과 식민지, 서양과 조선, 전통과 근대에 대한 그 시대 건축가의 혼종적인 내면세계를 보는 듯하다.

보성전문학교 본관은 세간의 이목을 끌었고 성공적으로 준공되었다. 그 덕에 박동진은 고딕 양식, 학교 건축, 석조 건축에서 차별성을 얻게 되었다. 해방 전까지 그가 설계한 학교 건축은 평북 정주의 오산고등보통학교 본관·대강당·과학관, 경성의 중앙고등보통학교 본관과 대강당, 보성전문학교 도서관, 황해도 재령의 명신중학교 본관·과학관·기숙사, 평양의 평안공업학교 본관 들이었다. 해방 뒤에는 영락교회와 남대문교회를 고딕 양식으로 설계했다.

1940년 박동진은 총독부를 그만두고 '태평건물주식회사'라는 건설회사를 설립했다.[21] 그러나 전시체제여서 큰 프로젝트는 진행하지 못했고 석조 주택 몇 개 정도만 지었다. 1945년 해방은 감격 그 자체였지만, 곧이은 한국전쟁과 분단으로 박동진은 북한에 사둔 땅과 설계 기반을 잃고 말았다.

하지만 박동진에게는 비빌 언덕이 있었다. 바로 김성수였다. 격동의 시대에 건축주 김성수는 안정적인 후원자였다. 박동진은 해방 뒤에 종합대학이 된 고려대학교 건물들을 설계하면서 제2의 전성기를 맞았다. 고려대학교 서관(1955년 1차 완공, 1961년 2차 완공), 외인 교수 사택(1956년, 철거), 농과대학(1956년, 현재 사범대학), 신관(1957년, 현재 대강당), 여학생회관(1958년, 철거), 과학관(1960년, 철거), 박물관(1962년), 이공대학 본관(1964년, 현재 제2공학관)이 그가 설계한 것들이다.

이 건물들은 박동진의 건축이 석조 고딕에서 모더니즘 건축으로 변화하는 혹은 변해가는 과정을 보여준다. 사실 일제강점기에 조선일보사 사옥(1935년)에서 모더니즘 건축을 시도한 적은 있었다. 그때는 장방형의 단순한 입면과 비대칭적 평면 정도에 그쳤다. 본격적인 변화가 나타난 것은 한국전쟁 이후부터였다. 1950년대 초반에서 후반으로 갈수록 고딕 요소가 줄어들었다. 석조에 콘크리트가 결합하면서 무거운 느낌도 사라졌다. 형태는 합리적이고 개방적으로 바뀌어갔다.

박동진의 1960년대 건물은 석조 고딕에서 완전히 벗어났다. 규칙적이고 간결한 디자인, 분할된 입면, 장식 없는 매끈한 벽면과 평지붕은 국제주의 양식이었다. 이런 변화는 한국전쟁 이후 미국 건축의 영향이 컸다.

고려대학교 이공대학 본관 설계를 마친 1960년대 초반, 박동진은 일 년간 미국과 유럽을 여행했다. 청년기에 "벤딩 모우멘트? 시메트리!" 하며 동경했던 곳을, 중년기에 흠모했던 모더니즘 건축가들의 작품을

1966년경 고려대학교 캠퍼스.

고려대학교 신관(위)과 서관 시계탑(아래).

고려대학교 본관.

노년이 다 되어서야 직접 보게 된 것이다. 그때 그는 무슨 생각을 했을까? 귀국 후 박동진은 은퇴했고 1980년 자녀들이 사는 미국에서 여든한 살의 나이로 세상을 떠났다. 미국으로 떠나기 몇 해 전 그가 남긴 글의 마지막은 이랬다.

> 우리는 우리의 전통이나 우리 고유의 문화에 대한 애착심이 부족한
> 것 같다. 우리 건축가들은 솔선해서 이런 방면에 앞장서서 애호운동
> 을 벌여봄이 어떠할까.[22]

오래전 한때, 박동진은 전통건축을 국민성의 무기력한 표현으로 인식했다. 하지만 바로 그때 이런 말도 했다.

> 아무리 일본기관에서 밥을 벌어먹지만 나는 결코 민족의식에 배치되
> 는 일은 할 수 없습니다.[23]

머리와 가슴에서 일어나는 모순과 역설, 그것은 어느 조선인 건축가의 식민지 현실에 대한 울분이었고, 자신을 포함한 민족에 대한 애증이 아니었을까.

그럼에도 쓸쓸함은 남는다. 비록 그의 건축 인생 초반은 굴곡졌지만 그 시대 어느 건축가가 박동진만큼 안정적인 조건과 인맥을 가지고 설계할 수 있었을까. 분단으로 잃긴 했지만 해방 전 그가 고향에 사둔 땅

은 수백 평이 아닌 수만 평이었다. 일제강점기 어느 조선인 건축가가 설계로 그만한 재산을 모을 수 있었을까.

박동진과 동갑내기인 강윤도 3·1운동에 가담했고 옥고를 치렀다. 그들보다 일곱 살 많은 박인준은 3·1운동 전에 이미 반일운동 혐의로 일본 경찰에 쫓기는 신세였다. 건축가가 되기 전, 이 세 젊은이들에게는 항일이라는 공통점이 있었다.

그러나 시간이 흐른 뒤 그들이 선택한 건축의 무대와 배경은 달랐다. 박동진의 등 뒤에는 관립학교와 총독부, 김성수가 있었다. 강윤에게는 미국인 선교사와 기독교 건축사무소가 있었다. 박인준에게는 망명 유학과 친미 유학파들이 있었다. 배경이 다른 만큼 그들의 삶도 건축도 달라졌다.

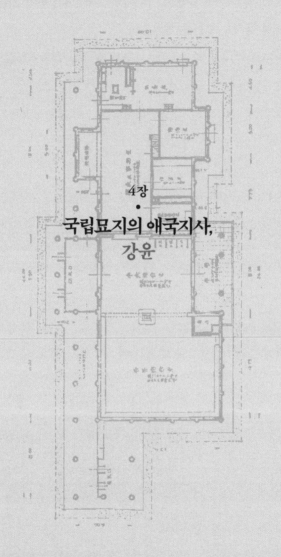

4장
·
국립묘지의 애국지사,
강윤

강윤

●

1899~1975

충청남도 논산에서 태어났다. 미국 감리교계 학교인 영명학교를 졸업하고 미국인 선교사였던 교장 윌리엄스와 일본에서 활동하던 선교사 겸 건축가 윌리엄 보리스와의 인연으로 일본으로 건너가 건축을 공부했다. 그곳에서 간사이공학전수학교(현재 오사카공업대학) 건축과를 졸업했으며, 보리스건축사무소의 핵심 멤버가 되어 1933년 귀국했다. 보리스건축사무소 경성출장소 일원으로 교회, 학교, 병원, YMCA, 복지시설 같은 선교 관련 건축을 주로 맡아 진행했다. 1941년 보리스건축사무소 경성출장소를 '대원공무소'로 바꿔 독립한 그는 해방 공간에서 동료 건축가들과 '조선건축기술단'을 결성해 총무부 이사를 맡기도 했다. 대표작으로는 이화여자대학교 건물들이 남아 있다. 1935년 준공한 본관, 음악당(현재 대학원관), 중강당, 체육관과 1936년 준공한 기숙사(현재 진선미관), 보육관(현재 대학원 별관), 영어실습소(현재 영학관), 가사실습소(현재 아령당) 들이 그의 손을 거쳤다. 특히 3·1운동과 관련 있는 장소에 지어진 태화기독교사회관(1939년)에 많은 애착을 가졌다.

부관연락선 갑판 위로 10월의 찬바람이 훑고 지나갔다. 화석처럼 서 있던 강윤의 얼굴 위로 빗방울이 흘러내렸다. 강윤은 하늘을 올려다보았다. 검푸른 밤하늘은 맑고 고요했다. 그제야 빗방울이 아닌 눈물임을 알아챘다. 딱딱하게 굳어 있던 감정이 순식간에 허물어졌다. 새까맣게 타버린 스무 살의 기억이 현해탄 위로 넘실거렸다.

한 해 전인 1919년 3월 24일 밤, 공주 영명학교 사택에 사람들이 모여들었다. 영명학교 교사, 재학생, 졸업생과 목사였다. 사택 안은 전국 각지에서 일어나고 있는 독립만세운동 이야기로 뜨거워졌다. 헤어질 때 한 사람 한 사람의 표정은 단호하고 결의에 차 있었다. 며칠 후 강윤과 동급생들은 기숙사에서 천여 장의 독립선언서를 등사하고 태극기를 만들었다.

드디어 4월 1일 공주읍 장날, 장터는 태극기와 독립선언서로 끓어올랐다. 영명학교 학생들이 대형 태극기를 휘날리며 선두에 섰다. 거기에 강윤이 있었고, 강윤의 같은 반 친구면서 유관순의 오빠인 유우석도 있었다. 독립선언서가 발표되자 사람들의 가슴속에 갇혀 있던 말들이 함성으로 터져 나왔다. "대한독립만세!"

일제는 신속하고 강력하게 진압했다. 강윤과 유우석은 체포되었다. 같은 날 아우내 장터에서 독립만세운동을 주도했던 유관순도 체포되었다. 강윤과 유우석은 공주지방법원에서 징역 6월에 집행유예 2년을 선고받았고, 유관순은 5년형을 선고받은 뒤 경성복심법원으로 옮겨가 3년형을 언도받았다.

영명학교의 윌리엄스 교장(Frank E. C. Williams, 1883~1962)은 당국과 재판장을 찾아가 탄원했다. 구속된 교사와 학생을 위한 탄원은 조건부로 받아들여졌다. 구속자들의 형량을 줄이는 대신 영명학교는 그해 신입생을 받을 수 없었다. 다음 해 1920년에는 강윤을 포함한 일곱 명이 졸업식 없이 졸업장만 받았다.

윌리엄스 교장은 형을 마치고 나온 강윤을 미국인 윌리엄 보리스(William M. Vories, 1881~1964)에게 소개했다. 보리스는 일본에서 건축사무소를 운영했는데, 마침 영명학교 신축 문제로 공주에 와 있었다. 얼마 뒤 강윤은 부관연락선을 타고 현해탄을 건넜다.

1920년 10월 12일, 친구의 누이 유관순은 시신이 되어 이화학당으로 돌아왔다. 서대문형무소에서 순국한 지 보름여 만이었다. 이화학당 학생들은 유관순을 통곡으로 맞이했다. 그날 강윤은 시가 현 오미하치만의 보리스건축사무소에서 망명 아닌 망명 생활을 시작했다.

보리스건축사무소는 이상한 회사였다. 그 이상함 때문에 강윤이 들어갈 수 있긴 했다. 일본에 있는 회사였지만 직원들 국적이 다양했다. 일본인, 미국인, 소련인, 중국인, 심지어 베트남인도 있었다. 베트남인은 자국에서 반프랑스 독립운동을 하다가 일본으로 밀항해 보리스에게 왔다.

조선인은 강윤 말고도 임덕수가 있었다. 임덕수는 조선에서 세브란스병원 사무원이었다. 명색이 건축사무소인데 미국인만 건축과 관계가 있는 사람들이었다. 슬슬 의심이 피어오를 수밖에 없다. 보리스건축사무소는 망명자들의 피난처인가?

직원들은 국적도 인종도 사연도 달랐지만 확실한 공통점을 가졌다. 모두 기독교인이었다. 보리스는 원래 평신도 선교사로 일본에 왔다. 건축사무소는 보리스가 2년간 상업학교에서 영어 교사를 한 뒤 개설한 것이었다. 일본인 직원들은 보리스가 상업학교에서 전도한 제자들이었다. 강윤은 선교사 윌리엄스 교장의 소개로, 임덕수는 세브란스 의료 선교사의 소개로 건너왔다. 미국에서 정식으로 건축 교육을 받은 미국인 직원은 해외 선교와 관련이 있는 사람이었다.

여기에 보리스건축사무소의 정체가 있다. 보리스건축사무소는 단순히 이윤을 추구하는 기업이 아니라 선교사업의 일환이었던 것이다. 보리스에게 건축을 의뢰한 사람은 일본, 조선, 만주, 중국, 동남아 등지에서 활동하던 미국 선교사들이었다. 당연히 보리스가 맡은 일은 교회, 학교, 병원, YMCA, 복지시설 같은 선교 관련 건축이었다. 건축을 몰랐던 직원들은 보리스와 미국인 직원에게 건축 교육을 받으며 일했다. 그렇게 진행한 설계가 40여 년간 무려 1484건이었다.

건축가도 직원도 건축주도 건축물도 모두 신앙이 중심이었다. 보리스 건축사무소의 일과는 다 함께 예배를 드리면서 시작되었는데, 때로 직원들은 인근 지역으로 선교활동을 나갔다. 그런 기독교 공동체인데도 아주 가끔은 어쩔 수 없이 신앙보다 민족 문제가 뾰족하게 튀어나왔다. 평소 잘 지내다가도 어느 일본인이 조선인을 비하하는 말을 하면 강윤은 가만히 있지 않았다. 일본 헌병의 고문으로 생긴 이마와 머리의 상처를 들이밀며 맹렬하게 싸웠다. 강윤은 왜 그렇게까지 했을까?

신앙과 민족은 강윤이 치열하게 살아야 할 이유였다. 충남 논산에서 태어난 강윤은 어린 시절 생계를 위해 행상을 다니는 어머니를 따라다녔다. 가난한 모자가 물건을 파는 곳은 공주의 교회 근처였다. 부흥회가 열리는 교회에 사람들이 많이 모였기 때문이다. 어느 날 장사를 일찍 마친 모자는 부흥회가 열리는 교회로 들어가 보았는데, 그때 설교에 감화되어 기독교인이 되었다.[24]

그 뒤 강윤은 미국 선교사가 공주에 세운 영명학교에 입학했다. 영명학교는 돈이 없어도 학교에서 노동을 하면서 공부할 수 있었다. 영명학교에서 쌓은 인연과 교육, 신앙은 강윤 삶의 뿌리였고 인생의 고비마다 일으켜 세우는 동력이었다.

강윤이 귀국한 해는 1933년이다. 10월의 찬바람을 맞으며 처음 부관연락선을 탄 지 13년이 흐른 뒤였다. 그동안 강윤은 간사이공학전수학교(현재 오사카공업대학) 건축과를 졸업했고, 보리스건축사무소의 핵심 멤버로 성장했다.

귀국 당시 강윤이 맡은 일은 이화여전 캠퍼스사업의 현장감독이었다. 정동에서 신촌으로 옮긴 이화여전의 새 캠퍼스 조성 계획은 대규모였고, 자연스럽게 선교 관계자들의 관심거리가 되었다.

1935년에 본관(등록문화재 제14호)과 음악당(현재 대학원관), 중강당, 체육관을 준공했고, 1936년에는 기숙사(현재 진선미관), 보육관(현재 대학원별관), 영어실습소(현재 영학관), 가사실습소(현재 아령당)를 준공했다. 한옥으로 꾸며진 가사실습소를 빼면 모두 서구식 석조 건물이다.

보리스건축사무소의 조선 내 작품은 이화여전 외에도 많았다. 태화사회관, 공주 공제의원, 대천 외국인 선교사 수양관, 세브란스병원, 평양 광성중학교, 함흥 영생중학교, 대구 계성학교, 철원제일교회, 원산중앙교회, 나남교회, 부산진교회 예배당 등 모두 145건이었다.

그중에서 강윤이 가장 애착을 가진 건물은 종로의 '태화사회관'이었다(태화기독교사회관의 명칭은 1921년 태화여자관, 1933년 태화사회관, 1953년 태화기독교사회관, 1980년 태화기독교사회복지관으로 변해왔다. 1995년 종로에서 수서동으로 본관을 이전해 개관했다). 1939년 준공된 태화사회관은 일제 말기, 해방 공간, 한국전쟁을 겪는 동안 여러 차례 위기를 맞았다. 그때마다 강윤은 태화사회관의 원형을 보존하기 위해 안간힘을 썼다.

신축 태화사회관이 들어선 터에는 원래 태화관이 있었다. 민족 대표들이 3·1독립선언서를 낭독한 뒤 체포되었던 곳이다. 이것만 놓고 보

보리스건축사무소가 지은 이화여대 본관의 옛 모습과 현재 모습.

이화여대 중강당.

면 태화관은 역사적 저항의 장소가 된다. 만세운동으로 옥고를 치렀던 강윤이라면 감회가 남달랐을 것이다.

하지만 태화관의 실체는 친일파들이 득실대던 고급 요릿집이었다. 요릿집이 되기 전에는 이완용이 일제에게 받아 살던 순화궁이었다. 그런 태화관을 미국의 남감리회 여선교부가 인수했고, 태화사회관이라는 이름을 붙여 여성 교육과 복지사업을 벌였다. 1930년대에 들어 사업이 확대되고 이용 인원이 증가하면서 공간이 부족해지자 새 건물 건축을 계획했다. 그 무렵 이화여전 캠퍼스가 성공적으로 완공되었는데, 그것을 본 태화사회관 관장이 보리스에게 신축 건물을 의뢰한 것이다. 이화여전을 비롯해 그동안 보리스건축사무소에서 해온 건축은 대부분 고딕이나 로마네스크 양식이었다. 미국 선교부가 맡긴 태화사회관도 당연히 그런 건축이 나올 만했다.

그런데 태화사회관을 맡은 강윤은 다른 식으로 풀어나갔다. 강윤의 대표작이 될 신축 태화사회관은 서양식이 아니라 지하 1층, 지상 2층, 옥상층으로 된 '한양절충식'이었다. 강윤은 자신에게 고난과 기회를 한꺼번에 줬던 3·1운동의 장소에 역사적인 흔적을 남겨두고 싶었던 걸까. 태화관의 다른 숱한 역사보다 그 하루의 의미가 그에게는 가장 중요했던 걸까.

강윤은 현장에 있던 옛 한옥의 기와를 재활용했다. 그것을 흔적의 소재로 삼아 새 건물의 기와지붕으로 만들었다. 건물 외관을 조선인에게 친숙한 분위기로 하고 싶었던 강윤은 뒷골목에서 볼 수 있는 조선식 토담을 생각했다. 조선식 토담을 응용한 벽체는 내구성을 위해 하부는 화강석으로 상부는 회벽으로 마감했다. 중간에는 한옥 문양의 띠를 둘렀다.

내부 공간은 건축주가 요구하는 기능에 맞췄다. 예배당은 고딕풍으로 꾸미고, 교육 공간은 서양식 평면으로 구성했다. 구조재인 목조 트러스에는 조선을 상징하는 암호처럼 태극 문양을 새겨 넣었다.

그렇게 만든 절충식 건물을 두고 강윤은 이렇게 고백한 적이 있다. 막상 만들고 보니 "어중띠기"에 "사이비"가 되었다고. 태화사회관이 무슨 양식이냐는 질문을 받으면 "무양식"이라고 대답하며 이렇게 덧붙였다.

> 이 '양식'이 우리 건축가에게 그렇게까지 중요한 것일까. 그 지방에서 나오는 재료로 그 지방 사람들에게 친밀감을 주는 모양의 집을 세우면 그것으로 족한 것이 아닐까.[25]

형태만 보면 태화사회관은 당시 일본이나 중국에서 유행하던 절충식과 별반 차이가 없어 보인다. 절충 방식도 1930년대 일본의 '제관양식帝冠樣式'과 만주국의 '흥아양식興亞樣式'을 따른 듯하다.

일본 제국주의가 극성으로 치달을 때 일본 건축학회는 기관지에 천황을 숭배하는 글을 싣고 서양 건축을 강하게 비판했다. 근대화 초기만 해도 서양 건축을 모방하기 바빴던 일본 건축계가 일본의 전통을

강윤이 애착을 가진 신축 태화사회관.

불러내기 시작했다. 여기에는 일본의 전통으로 동양 문명의 정수를 보여주겠다, 동아시아 신질서의 맹주 일본을 상징하면서 세계의 모든 장점을 흡수하는 가장 진보적인 건축양식을 보여주겠다, 이런 자아도취적 맹목성이 작용했다.

그렇게 해서 나온 것이 에도시대의 건축 형태와 서구 근대건축의 구조를 결합한 제관양식이다. 건물 지붕과 입면은 전통인데 재료와 벽체는 나무가 아닌 콘크리트와 철골구조로 만드는 식이다. 제관양식은 일제가 각종 관공서 현상설계에서 필수 사항으로 지정한 '일본 취미'를 대표하는 건축이었다. 가장 유명한 건물이 와타나베 진渡辺仁이 설계한 도쿄국립박물관 본관(1938년)이다.

흥아양식은 제관양식의 만주국 버전이다. 건물 몸통은 서양식 철근 콘크리트로 하고 머리는 중국풍과 일본풍이 뒤섞인 지붕으로 올렸다. 그걸 두고 일제는 아시아주의를 반영한 건축이라고 했다. 제관양식과 흥아양식으로 만든 관공서와 공공건물은 제국주의를 반영하듯 웅장하고 위압적이었다.

그러나 태화사회관은 그렇지 않았다. 절충식을 선택한 '의미'와 '의도'가 달랐기 때문이다. 태화사회관은 일제강점기의 조선인 건축가, 기독교라는 외래 종교, 교육과 복지라는 공공 기능, 전통건축이라는 이질적 요소를 결합해 태화관 터의 장소성을 표현했다. 더구나 그곳은 피지배자들을 위한 공간이었다. 식민지인이 전통으로 민족주의를 표현하는 것과 제국이 전통으로 침략주의를 선전하는 것은 저항과 침략

만큼 차이가 컸다.

돌아보면 한국식 '제관양식'도 존재했다. 일제가 아니라 해방 뒤 군사정권 시대였다. 정권의 '정통성'에 대한 콤플렉스를 '전통성'으로 호도하며 정권의 입맛에 맞는 민족주의를 강요한 탓이다. 일제가 관공서 현상설계에서 '일본 취미'를 강요했듯 군사정권도 박물관 현상설계에서 전통을 요구했다. 당선되려면 군사정권의 문화 수준에 딱 맞게 전통건축의 껍데기만 콘크리트로 모사하면 되었다. 전통건축의 고유성이나 공간 구성은 필요가 없었다. 응모하지 않을 수도 없고, 당선되더라도 부끄러운 건축이었다.

한양절충식 태화사회관이 원래 목적대로 사용된 것은 2년에 불과했다. 1940년 말 총독부가 미국 선교사들에게 추방령을 내리고 태화사회관을 몰수한 뒤 종로경찰서로 사용했기 때문이다. 일제 경찰은 경찰서 기능에 맞게 유치장을 설치하는 등 건물을 개조했다. 문제가 생길 때마다 강윤을 불렀는데, 강윤에게 목조 트러스의 태극 문양을 제거하라고 명령하면 강윤은 구조적 문제가 생긴다며 거부했다. 매번 그들의 요구에 비협조적이었던 강윤은 자신이 지은 건물의 유치장에 갇힌 적도 있다.

해방이 되어도 태화사회관은 제 기능을 찾지 못했다. 계속 종로경찰서로 사용되다가 1950년 초 여선교부가 건물을 되찾으면서 강윤이 복구공사를 했고 건물을 원상태로 돌려놓았다. 그러나 그것도 잠시, 한국전쟁이 발발하면서 전세에 따라 북한 인민군, UN군, 다시 인민군, 미군 정보부대 순으로 차례로 넘어갔다. 여선교부가 마지막으로 되찾은 때는 1955년이었는데, 그때도 강윤이 보수공사를 맡았다.[26]

일제가 태화사회관을 몰수했을 무렵 조선에서 보리스의 건축사업도 중단되었다. 태평양전쟁은 임박했고 미국인은 적성국 국민이 되었다. 태화사회관을 운영했던 선교사도, 영명학교의 윌리엄스 교장도 추방되었다. 보리스는 그 참에 강윤이 독자적인 건축 활동을 할 수 있도록 도왔다.

1941년 강윤은 보리스건축사무소 경성출장소를 '대원공무소大原工務所'로 바꾸고 독립했지만, 전시 상황이라 일거리는 별로 없었다. 해방 뒤 윌리엄스 교장이 미군정청 농업 고문으로, 그의 아들이 해군 중령이 되어 돌아오면서 강윤은 미군 공병대 자문 건축가로 임명되었고 군 관련 시설을 맡았다.

해방 공간에서 강윤은 처음으로 같은 민족 건축가들과 단체 활동을 시작했다. 해방 직후 기쁨에 들떴던 건축가들이 강윤의 사무실에 모였고 얼마 뒤 '조선건축기술단'을 결성했다. 강윤은 조선건축기술단 창립 멤버로서 총무부 이사를 맡았다.

시간이 흐르면서 강윤은 점점 단체에서 멀어졌다. 한국전쟁이 끝나고 건축계가 자리를 잡을수록, 경제활동과 건설산업이 일어날수록 강윤의 입지는 점점 줄어들었다. 이권을 따라 촘촘하게 형성되는 인맥에 강윤이 들어갈 틈은 없었다. 그는 건축계의 주류인 경성고등공업학교나 총독부 건축직 출신이 아니었다. 일본에서 건축 공부를 했지만 직

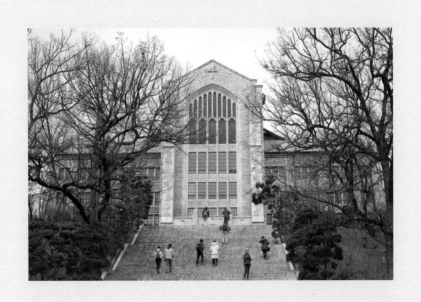

강윤이 설계한 이화여대 대강당.

장생활을 병행한 야간 과정이었고, 조선인 유학생들과 유대도 부족했다. 강윤의 건축 경력과 인맥은 미국인 선교사가 일본에 세운 기독교 건축사무소가 전부였다.

1960년대에 이르면 개인적인 건축사업마저 접어야 했다. 한국전쟁 뒤에도 이화여대 대강당(1956년)과 수유리 한국신학대학 본관(1956년)들을 설계했지만, 그의 건축 인생은 이미 저무는 중이었다. 압축적 근대화와 불도저식 개발이 일어나는 시대에 어울리는 건축은 경제적이고 기능적이며 합리적이어야 했다. 보리스건축사무소에서 익힌 서양의 고전 양식은 통하지 않았다. 관료 기술자가 아닌 건축 선교사 밑에서 건축을 배운 강윤은 급격한 세대 변화와 혼탁한 건축 현실도 견디기 힘들었을 것이다. 이래저래 강윤은 건축계에서 잊히는 존재였다.

1967년은 더욱 가혹했다. 그해 초 강윤은 뇌출혈로 반신불구가 되었고, 여름에는 평생 신앙의 동반자였던 아내가 심장마비로 그의 곁을 떠났다. 일본에서 귀국한 뒤 그가 직접 설계하고 가족과 오랜 시간을 보냈던 팔판동 주택은 사업 부채로 은행에 넘어갔다. 1975년 1월 30일, 강윤은 일흔여섯의 나이에 생을 마감했다. 장례식은 태화사회관 옆 중앙감리교회에서 치러졌다.[27]

사후 5년 뒤인 1980년, 태화사회관은 철거되었다. 27년 뒤인 2002년, 강윤은 독립운동 공훈으로 대통령 표창을 추서받았다. 29년 뒤인 2004년, 국립대전현충원 애국지사 제3묘역에 안장되었다. 30년 뒤인 2005년, 대한건축학회는 강윤에게 공로상을 수여했다. '대한건축학회'

의 전신은 '조선건축기술단'이었다. 그 단체를 결성하기 위해 첫 모임을 가졌던 곳이 바로 강윤의 건축사무소였다. 강윤의 사무소에서 태동한 단체가 가장 뒤늦게 강윤을 기억해냈다.

5장
·
디아스포라의 섬,
박인준

박인준
●
1892~1974

평안남도 강서에서 태어났다. 당시 건축가 대부분이 국내 또는 일본에서 건축 교육을 받은 반면 박인준은 미국에서 정규 건축 교육을 받았다. 루이스공대 기계공학과와 미네소타주립대학 건축학과를 졸업했고, 이후 시카고에서 건축 실무를 익혔다. 1933년 종로구 공평동에 박인준건축설계사무소를 개설하고 독자적인 활동에 나섰지만 일본어에 미숙한데다 국내 건축계에 인맥이 없어 몇몇 지인을 통해 들어온 기독교 계통 건축이나 개인 주택들만 맡았다.

대표작으로는 가회동에 있는 윤치창주택(1936년), 윤치왕주택(1936년), 윤치호주택(1936년), 박흥식주택(1943년)과 동대문부인병원장 그라보스주택(1930년), 북아현동 조준호주택(1940년경) 들이 있다.

1923년 4월 〈한인학생회보Korean Student Bulletin〉 1면 사진에 그가 있었다. 사진 아래에는 그의 이름이 적혔다. "Y. J. Park." 1923년 7월 17일 〈동아일보〉에도 같은 사진이 실렸다. 기사 제목은 "시카고의 조선학생"이었다.

그는 〈동아일보〉에 몇 차례 더 나왔다. 1923년 10월 12일에는 '북미대한인유학생총회' 총무로 소개되었고, 1928년 11월 18일자 기사 "이재민 구제금답지"에는 시카고 교민 명단에 포함되었다. 1931년 8월 22일자 기사 "충무공유적보존 성금"에는 달러 송금 명단에 그의 이름이 나왔다.

강서, 평양, 경성, 상하이, 샌프란시스코, 시카고, 미네소타…. 20세기 초 디아스포라의 삶을 살았던 조선인 건축가, 그의 이름은 바로 박인준이었다.

박인준은 1892년 평안남도 강서에서 태어났다. 근대건축가 1호 박길룡보다 여섯 해 먼저다. 평양에서 보수적인 미션스쿨인 숭실중학을 졸업한 뒤 연희전문학교 수물과에 다녔다. 그때 항일운동에 가담했다가 일본 경찰에게 쫓기는 신세가 되었다. 3·1운동이 일어나기 전인 무단통치 시절이었다.

박인준의 선택은 중국행이었다. 그는 독립운동의 일번지 만주가 아닌 상하이로 갔다. 당시 상하이는 동양 무역과 해상 교통의 중심지였다. 세계 각국의 사람들이 드나들며 국제 여론을 형성하고 온갖 정보를 수집하는 곳이었다. 동서양 문화가 충돌하고 융합하는 공간, '동양의 파리'로 불렸던 코즈모폴리턴의 도시였다.

상하이는 혁명의 도시이기도 했다. 신해혁명 이후 중국만이 아니라 동아시아, 더 나아가 전 세계 혁명인사들이 상하이로 모여들었다. 1910년 나라를 잃은 조선의 독립운동가들도 상하이를 본격적인 활동 무대로 삼았다. 조선, 미국, 하와이의 독립운동가들이 상하이를 통해 정보와 자본을 교환했다. 일제 앞잡이, 마약 판매상, 밀정, 낙오자, 부패분자, 한탕주의자 등 온갖 잡다한 인물들도 상하이로 집결했다.[28]

피 끓는 청년들은 한 손에는 혁명을, 다른 손에는 첨단 지식과 문화를 붙잡고 싶었던 것일까. 상하이로 간 조선 청년들은 의외로 많았다. 그들은 유학생이거나 망명자거나 혹은 둘 다였다가 독립운동가가 되었다.

여운형은 난징의 진링金陵대학에서 유학하다가 상하이로 옮겨 독립운동에 뛰어들었다. 김마리아는 국내에서 벌인 여성 항일 조직 활동이 발각되자 상하이로 망명해 임시정부 의정원 일을 했고, 얼마 뒤 중

KOREAN STUDENT BULLETIN

Published by the Committee on Friendly Relations Among Foreign Students
347 Madison Avenue, New York. Edited by the Secretary for Korean Students

| VOL. I | APRIL, 1923 | NO. 3 |

KOREAN STUDENTS IN CHICAGO
Front row, left to right: Donhee P. Lee, S. W. Chang, Y. I. Park, Andrew Hyun, Y. D. Kim.
Back row, left to right: Tong Hyun, Phah Yim, K. S. Yunt, C. H. Whang, T. W. Serr, Y. C. Choi.

SUMMER CONFERENCES

In the previous issue of the Bulletin, we announced the dates of the annual Student Summer Conferences, calling your attention to the unusual opportunity open to our students to attend the Conferences. We have also brought to your attention the need of our student group meetings, and the value and importance of gathering together in the Conferences as a group representing Korea. No doubt you realize what it means to us to have a large number of our students present in the Conferences. Without considering the favorable impression you would give to the other groups of foreign students, you will receive much benefit from the Conferences. For many years past, it has been the experience of the Young Men's Christian Association that the Summer Conferences proved to be most serviceable to the students from other lands as the means of contact and friendship.

Our students are few in comparison with other foreign students, and scattered all over the country, therefore it is not often possible to get together in a group. Consequently, we have a tendency to lose all our interest in such conferences or group meetings. And it may be said that we have grown to pay no attention to the social activities of such an organization as the Young Men's Christian Association whose far-reaching service for the students from foreign countries has been and is such a blessing to them.

The Committee on Friendly Relation Among Foreign Students extends this year a special invitation to the Korean students to attend the Conferences, hoping that a large number of students will avail themselves of this opportunity. The Committee has printed matter about the Conferences to distribute among students. Those who are interested, kindly write to the Headquarters, 347 Madison Avenue, New York City, for further information.

The dates of the Summer Conferences are as follows:

Lake Geneva	June 15—25
Silver Bay	June 14—22
Blue Ridge	June 15—25
Seabeck	June 15—25
Estes Park	June 8—18
Hollister	June 9—19

IS IT WORTH WHILE?

As is well known, the Student Summer Conference has been the means of exerting the Christian influence upon foreign students, of fostering the international spirit of goodwill and fellowship among them, and of rendering a far-reaching service to them. When considering the value of the Summer Conference, we are led to think of the quiet, enjoyable "retreat" from our busy "grinding" of school life, into the temple of God where the chorus of the earth and the music of the spheres are ever rehearsing. Amid the greens and shades, one may dream of the vacation of body and soul. All this is to say of the surrounding natural beauty of the places where the Conferences are to be held.

Of course, the primary object in view is long-lasting and deepening. From the social point of view, we cannot over-emphasize the value of personal contacts with the prominent personalities and with international groups of students. What an opportunity for getting acquainted and making friends! And from the intellectual and spiritual point of view, we can hardly lay stress enough on the value of thoughts and discussions of the international character and life.

First, then, you have the unusual opportunity for making friends. For this alone, it would be worth while. You remember the well-known words of Emerson on friendship. "We take care of our health, we lay up money, we make our roof tight, and our clothing sufficient, but who provides wisely that he shall not be wanting in the best property of all—friends."

Secondly, you have the opportunity for stimulating your intellectual "appetite." Lectures on Christian internationalism and various inspirational topics at the Conference are far more relishing than the class-room lectures. Persons of wide and profound experience in religious and civil life will be there to give one a new vision of life and will deepen one's convictions. Is it not worth while?

Thirdly, you have the opportunity for quickening your spiritual life in the Bible study classes, in the discussion meetings and in interviews with persons of strong religious convictions. It is not worth while?

America stands for Christian idealism. America wishes all the students from other lands to see the vision she cherishes in her ideals. Nowhere could a foreign student catch this vision better than at the Student Summer Conference, for it is another name for American idealism. It is of great value to attend the Conference and see the real America and learn what she thinks of her foreign students. Is it not worth while?

1923년 4월 〈한인학생회보〉에 실린 박인준(아랫줄 가운데).

국 대학에 입학해 중국 여권을 받고 미국으로 유학을 떠났다.

독일 고등학교 교과서에도 실린 《압록강은 흐른다》의 저자 이미륵도 3·1운동으로 수배를 받게 되자 상하이로 망명했다. 그곳에서 임시정부 일을 거들다가 중국 여권을 구해 유럽으로 갔다. 박인준도 김마리아나 이미륵처럼 상하이를 거쳐 다른 곳으로 떠났다. 그때가 1917년이었다.

1910년대 망명 유학생이 미국으로 가는 과정은 영화가 따로 없었다. 목적지가 미국이니만큼 평양의 대성학교와 숭실학교 같은 평안도 일대 기독교학교 출신자들이 많았다. 그들은 먼저 신의주에서 압록강철교를 건너 중국으로 갔다. 중국 안동현(지금의 단둥)에 도착하면 중국인으로 변장하고 조지 루이스 쇼George Lewis Shaw가 운영하는 무역회사 '이륭양행'을 찾았다. 쇼는 아일랜드계 영국인인데 치외법권 지역에 있는 이륭양행을 활용해 조선의 독립운동을 지원했다. 그 일로 쇼는 나중에 일제에게 내란죄로 기소되었고 사업도 탄압받았다. 1963년 대한민국 정부는 쇼에게 건국훈장 독립장을 수여했지만, 쇼는 해방 전에 이미 사망해서 2012년에야 쇼의 친손을 찾아 훈장을 전달했다.

망명 유학생들이 이륭양행을 찾아간 목적은 이륭양행의 기선을 타고 상하이로 가기 위해서였다. 그들이 상하이에 도착하면 민족운동단체인 동제사同濟社나 YMCA의 미국인 선교사의 도움을 받아 배표를 구했다. 배를 타도 긴장의 끈을 늦출 수 없었다. 일본을 통과할 때까지 중국인들 사이에 섞여 중국인 행세를 해야 했다. 무사히 하와이를 거쳐 미국 샌프란시스코항에 도착해도 혼자 힘으로 입국할 수 없었다. 조선총독부의 정식 허가를 받아 여행권을 가지고 온 게 아니었기 때문이다. 미국 연방정부가 '정부가 없는 미국 한인 사회의 대표기관'으로 인정한 '대한인국민회大韓人國民會'의 보증을 받아야만 미국 땅에 들어갈 수 있었다.[29]

그렇게 우여곡절을 겪은 뒤에 입국해도 산 넘어 산이었다. 당장 먹고 사는 문제부터 절박했다. 언어 장벽과 학업 수준 차이로 곧바로 진학할 수도 없었다. 온갖 허드렛일을 하며 생계비를 벌어야 했고, 그렇게 현지 소학교나 중학교에 들어가 영어 수업을 들어야 했다. 이십대 후반의 조선 청년이 미국 소학교에서 백인 아이들과 수업을 듣는 모습은 낯선 풍경이 아니었다. 그러나 시간이 흐르면서 생계 문제로 학업을 포기하는 경우가 많았다. 1910년대 500여 명의 망명 유학생 가운데 진학한 사람은 150명 정도에 불과했다. 학업은 포기해도 망국의 한이 컸던 이들은 대한인국민회와 흥사단의 중견 인물이 되거나 독립운동을 후원하는 한인 사회의 중심 세력으로 성장했다.

1920년대에 미국에 온 유학생은 좀 달랐다. 그들은 조선총독부에서 정식으로 허가를 받고 온 유학생이었다. 그만큼 체계적인 준비를 거쳤기에 학업 성취도가 높았다. 그들은 정식 유학생이라는 정체성을 가지고 교민 사회와 분리된 유학생 사회를 형성했다. 1921년 '북미대한인유학생회'가 출범했는데, 이 단체는 1923년 시카고에서 열린 제1회 유학생 대회에서 '북미대한인유학생총회'로 거듭났다.[30]

박인준은 1910년대 방식으로 미국에 들어가 1920년대식 유학 생활을 했다. 조선에서 가져온 인삼을 팔아 생활비를 마련했고 만년필 장사를 하며 공부했다. 1923년에는 서른한 살 나이에 북미대한인유학생총회 총무를 맡았고, 루이스공대 기계공학과를 졸업했다. 그의 사진이 실린 〈한인학생회보〉는 북미대한인유학생총회 영문 기관지였다. 박인준은 다시 미네소타주립대학 건축학과에 들어가 1927년 졸업했다. 그 뒤 시카고로 돌아와 건축 실무를 익혔다.

시카고는 건축사에서 '시카고파Chicago School'로 유명한 곳이다. 시카고파 건축은 기본적으로 19세기 후반부터 20세기 전반에 시카고에 지어진 오피스 건축이다. 철골 구조로 고층을 만들고 균질한 표면에 장식이 없는 형태가 많다. 오늘날 철골 구조 커튼월로 지은 고층 오피스 빌딩의 원조 격이다.

시카고파를 대표하는 건축가는 루이스 헨리 설리번(Louis Henry Sullivan, 1856~1924)이었다. 그의 명언 "형태는 기능을 따른다"는 모더니즘 건축을 동경하던 1930년대 조선인 건축가들의 화두이기도 했다. 설리번의 제자는 프랭크 로이드 라이트(Frank Lloyd Wright, 1867~1959)로, 폭포 위에 콘크리트 캔틸레버를 대담하게 돌출시켜 지은 '낙수장'으로 유명한 건축가였다. 라이트는 일본에서도 대단한 인기를 누렸는데, 도쿄제국호텔(1920년)이 그의 작품이다.

박길룡과 박동진을 비롯한 조선인 건축가들이 특히 좋아했던 사람이 바로 라이트였다. 라이트가 설계한 건축은 형태와 기능이 지역의

자연과 유기적으로 잘 결합했기 때문이다. 실제로 라이트는 '유기적 건축'을 주창했고, 그가 설계한 '프레리하우스(초원주택)'는 광대한 대지를 가진 미국의 지역성을 반영한 건축이었다. 서구 모더니즘에 목말라 하면서도 조선이라는 지역성을 담고 싶었던 조선인 건축가들이 반할 만했다.

그런 건축을 현지에서 보고 배우며 일했던 박인준이 귀국한다면? 더구나 박인준은 일제강점기에 미국 정규대학에서 건축 교육을 받은 유일한 사람이었다. 미국에서 건축 실무를 했던 사람도 그가 유일했다. 그 특별한 경험이 새로운 정보에 목말랐을 국내 건축가들에게는 가뭄의 단비가 되지 않았을까. 하지만 박인준은 자신의 경험을 쏟아내지 못하고 조용히 침잠했다. 왜 그랬을까.

박인준의 귀국과 활동에 대한 이야기는 두 가지가 있다. 하나는 1933년 귀국해 공평동 9번지에 건축사무소를 내고 실무를 하면서 연희전문학교에 출강했다는, 좀 밋밋하고 평범한 이야기다.[31] 다른 이야기는 좀 더 사연이 있다. 시카고에서 건축 일을 하던 박인준을 연희전문학교가 교수로 초빙했고, 항일운동으로 새파란 나이에 쫓겨 떠났던 모교에 중년의 나이가 되어 교수로 돌아왔다. 그러나 감동도 잠깐, 박인준은 다시 항일사건에 연루되어 연희전문학교를 사직하게 되었고, 결국 1933년 '박인준건축사무소'를 개업했다는 이야기다.[32]

박인준이 사무소를 연 때는 박길룡이 조선인 최초로 건축사무소를 연 다음 해였다. 두 사무소는 종로에 있었고 거리도 가까웠다. 종로는 조선인 거리였던 만큼 조선인 건축가들의 독점 무대였다. 그런데도 박인준이 박길룡을 비롯해 다른 건축가들과 어울린 기록이나 회고담은 좀처럼 찾아볼 수 없다. 두 사무소는 운영 방식이나 건축주만 봐도 많이 달랐다. 박길룡 사무소는 언제나 경성고등공업학교 후배들과 총독부 동료들로 북적댔다. 정식 직원보다 부업으로 일하는 사람이 더 많았다. 그들은 박길룡이 수주해온 프로젝트를 경력에 따라 팀으로 나눠 맡았다. 일하는 속도도 빨랐고 해내는 일도 많았다. 단점은 팀별로 진행하다 보니 프로젝트마다 편차가 있었고, 설계 일관성도 떨어졌다.[33]

반면 박인준건축사무소는 아틀리에 식으로 운영되었다. 설계는 박인준이 혼자 하고 공업학교 정도 나온 직원 두세 명이 도면을 그렸다. 박인준은 미국에서 오랜 시간 생활했기에 일본말을 잘 못했다. 일본 자본과 권력이 판치는 세상에서 일본인마저 멀리했다. 국내 건축계에는 학연도 직장 연고도 없었다. 인맥이 없으면 수주가 힘든 건축계였기에 몇몇 지인을 통해 들어온 주택 건축이 일의 대부분일 수밖에 없었다.

가회동에 있는 윤치창주택(1936년, 사우디대사관저), 윤치왕주택(1936년, 현존), 윤치호주택(1936년, 철거), 박흥식주택(1943년, 개조)과 동대문부인병원장 그라보스주택(1930년, 철거), 북아현동 조준호주택(1940년경) 같은 미국 영향이 짙게 배어 있는 주택이 많았다.

윤치창과 윤치왕은 친형제였고 윤치호는 그들의 이복형이었다. 윤치창은 박인준이 미국에 있던 시기에 시카고 루이스대학에서 경제학을 공부했다. 그때 감리교 목사인 손정도의 딸을 만나 결혼했다. 귀국 후

공평동 9번지에 남아 있는 박인준건축사무소 건물(동헌필방 2층).

에는 처남인 손원일과 종로에서 '남계양행'을 5년간 공동으로 운영했고, 해방 뒤에는 외교관이 되었다. 윤치창의 장인 손정도는 중국에서 선교활동을 하다가 상하이 임시정부에서 임시의정원 의장과 교통부 총장을 지냈다. 처남 손원일은 훗날 대한민국 해군 창군의 주역이었고 해군 제독이 되었다.

1937년 경성고등공업학교를 졸업하고 해방 뒤에 서울대학교 건축과 교수가 된 김희춘은 이런 이야기를 털어놓은 적이 있다. 손정도가 박인준의 매부이고 손원일은 조카였으며, 중국에서 활동한 그들 덕에 박인준이 상하이로 가서 배를 타고 미국으로 갈 수 있었다고 말이다.[34]

그렇다면 공평동 9번지의 박인준건축사무소가 윤치창의 남계양행 2층이었던 것도, 국내 인맥이 없던 박인준이 윤씨 형제의 주택을 설계한 것도 쉽게 설명이 된다. 윤씨 형제의 사촌인 윤치영도 박인준이 활동했던 북미대한인유학생총회 임원이었다.

건축주만 놓고 보면 박인준의 인맥은 좁고 특수한 계층에 속한다. 같은 고향 출신의 자본가 박흥식을 제외하면 근대 지식인, 전문직, 서구 유학 경험자, 개신교, 친미 성향 인물들과 연결된다. 다른 조선인 건축가들은 3년제 관립 고등공업학교와 총독부 관료기술자라는, 일본의 그늘을 벗어날 수 없는 환경이었다.

그래서였을까. 원로 건축가들이 회고하는 박인준은 좀 멀찍이 떨어진 존재였다. 해방 직후 결성된 건축단체 조선건축기술단에서 박인준은 부단장(1945년)이었고, 그 후신인 조선건축기술협회에서는 부이사

박인준이 설계한 가회동 윤치왕주택.

장(1947년)과 부위원장(1948년)을 맡았으며, 한국전쟁 뒤에는 '종합건축연구소' 고문을 역임하기도 했지만, 이름과 직함만 회지에 찍혀 있을 뿐 그의 목소리가 들어간 글이나 활동을 알 만한 회고담 같은 것은 없다.

후배 건축가들이 그를 기억하는 방식도 이력서처럼 짧고 건조했다. 미국에서 건축 공부를 하고 시카고에서 건축사무실을 했던 사람, 상하이 임시정부와 관계가 있었던 사람, 영어를 잘해 해방 뒤 미8군 공사를 맡았던 사람…. 누군가에게 들은 정보를 나열하는 식이다. 박인준과 무엇인가를 같이 했다는 구체적인 이야기는 없다. 훗날 세종문화회관을 설계한 엄덕문은 그 시절 박인준은 건축의 건자도 꺼내지 않았다고 기억했다.

해방 이후 박인준은 대륙공영사와 삼양공무소 등을 운영했지만 활동이나 작품은 알려진 것이 없다. 해방 전의 작업은 1930년대 후반부터 1940년대 초반에 몰려 있다. 거의 다 주택이고 장소는 가회동이 대부분이다. 어쩌면 오늘날 가회동에 설계자 미상으로 남아 있는 서양식 주택 가운데 그의 작품이 숨어 있을지도 모른다. 박인준에 관한 자료는 빈약할뿐더러 그 빈약한 내용끼리도 딱딱 들어맞지 않고 삐걱댄다. 건축계에서 박인준의 활동 범위와 인간관계가 짐작된다.

상하이, 시카고, 미네소타를 거치며 근대건축을 '목격한' 박인준. 식민지에서 일제가 던져준 자료로 근대건축을 '인식한' 조선인 건축가들. 그들이 서로 만나 부대끼고 연대하며 새로운 지평을 열었다면 어땠을까. 상상해보면 아쉽기 그지없다.

그런데 왜 그들은 그러지 못했을까? 박인준의 나이와 성격 탓일까, 경성고등공업학교와 관료기술자의 폐쇄적인 집단 문화 탓일까, 일제의 눈 밖에 난 박인준과 일제의 제도권에서 성장한 건축가들의 처지 탓일까, 민간건축가와 관료기술자의 의식 차이 탓일까. 그것도 아니면 서로 쳐다볼 여력조차 없는 현실 탓이었을까.

억압받는 조선인과 건축이라는 전문 분야, 이 두 가지 공통점만으로는 공감과 연대가 부족했던 것일지도 모른다. 돌아온 조국에서 박인준은 고요한 섬이 되었다. 디아스포라의 경험은 다양성의 촉매제가 되지 못하고 한 사람의 조용한 개인사로 끝나고 말았다.

6장
•
건축구조의 달인,
김세연

김세연

•

1897~1975

경기도 광주에서 태어났다. 1920년 경성공업전문학교 건축과를 졸업한 뒤 조선총독부에 들어가 1941년 퇴직할 때까지 20여 년간 고원, 기수, 기사로 활약했다. 퇴직 후에는 '대창공영주식회사'라는 건설업체를 운영하다가 1943년 박길룡이 갑자기 세상을 떠나자 운영하던 회사를 그만두고 박길룡건축사무소를 이어받았다. 그러나 해방이 되면서 박길룡건축사무소를 접고 김세연건축사무소를 열었다. 한국인 최초이자 최고의 구조계산 전문가였던 그는 미쓰코시백화점, 화신백화점, 조지아백화점, 경성제국대학 본관 들을 구조계산한 것으로 알려졌다.

대표작으로는 경교장(1938년)이 있고, 동덕여자고등학교 교사 일부, 옛 중동중고등학교·휘문고등학교와 풍문여자중고등학교 교사 일부 들을 설계하거나 시공했다.

1945년 11월 23일 오후 5시경, 갑자기 함박눈이 내렸다. 어둑해진 거리에 국방색 세단과 지프가 나타났다. 차들은 비밀 작전이라도 수행하듯 은밀하게 어느 건물 안으로 들어갔다. 국방색 세단이 멈춰 서자 동그란 안경을 낀 남자가 내렸다. 지프에서도 사람들이 내렸다. 그들의 표정에 얼핏 당혹감이 스쳤다. 27년 만의 귀국인데도 그들을 맞이한 비행장도 막 도착한 숙소도 썰렁하고 싸늘했다. 그들의 앞날을 미리 보는 듯했다.

한 시간 뒤, 미군 최고사령관 하지 중장이 발표를 했다. 방금 김구 주석을 비롯한 임시정부 요인들이 귀국했다고. 아주 짧은 발표였다. 그러나 방송을 들은 사람들의 반응은 폭발적이었다. 어둠과 침묵으로 가라앉았던 그곳으로 시민들과 기자들이 모여들었다. 그곳으로 통하는 거리는 백범 김구와 임시정부를 연호하거나 만세를 부르는 소리로 가득했다. 썰렁하고 싸늘했던 분위기가 열광과 환희로 달아올랐다.

그때부터 그 건물의 운명이 바뀌기 시작했다. 백범은 건물의 일본식

이름부터 바꾸었다. 근처에 있던 다리 이름을 따서 '경교장京橋莊'이라 불렀다. 새 이름을 얻자 건물을 사용하는 사람도, 찾아오는 사람도, 그 곳에서 일어나는 일들도 달라졌다. 1949년 6월 26일 백범이 서거하기 까지 경교장은 대한민국 임시정부의 마지막 청사가 되었다. 그 3년 반 의 시간 덕에 경교장은 역사적인 의미와 가치를 얻었다.

경교장의 원래 이름은 죽첨장竹添莊이었다. 죽첨은 일본말로 다케조에 竹添다. 갑신정변 때 일본 공사 다케조에 신이치로(竹添進一郞, 1842~1917) 가 그 부근에 살았는데, 일제는 그를 기념하기 위해 그 일대를 다케조 에마치(竹添町, 죽첨정)라 불렀다.

1938년 7월 죽첨정에 서양 고전주의 양식으로 지은 대저택이 준공 되었다. 죽첨정 1정목 1번지에 들어선 저택은 죽첨장이라 불렸다. 지 하 1층 지상 2층 규모의 저택은 정면이 3분할된 좌우 대칭형이었다. 정 면 현관 포치의 크기만 봐도 일반 주택은 아니었다. 1층 좌우에 튀어나 온 원형창과 2층 중앙에 들어간 아치창은 자칫 밋밋할 수 있는 입면에 요철의 깊이감을 줬다. 가운데 돌출된 지붕창도 단조로움을 덜어냈다. 내부 공간은 훨씬 호화로웠다. 샹들리에가 있는 응접실과 식당, 당구 실과 전용 이발실, 썬룸에 냉난방 장치까지 보통 사람들은 듣도 보도 못한 시설이었다.

건축주 최창학은 일제강점기 조선인 최대의 광업자였고 '광산왕'으 로 통했다. 최창학은 백만장자도 아닌 천만장자답게 각종 친일 단체에 가담했으며 헌금 규모도 남달랐다. 죽첨장은 돈 냄새, 권력 냄새를 풍기는 사람들이 드나드는 접대용 건물이었다. 〈조선과 건축〉에는 설계 시공자가 일본 건설회사 오바야시구미大林組로 기록되었다. 그러나 실제로 설계한 사람은 조선인 건축가 김세연이었다.

김세연은 1897년 경기도 광주에서 태어났다. 박길룡보다 한 살 위였지만 경성공업전문학교는 한 해 늦게 입학했다. 졸업 뒤 김세연도 총독부 건축조직에 들어갔다.

조선 최고의 공업 교육 기관인 경성공업전문학교를 나와도 조선인은 취업이 힘들었다. 건축과나 토목과 출신은 예외적으로 총독부나 관공서에 취직했는데, 다 그만한 이유가 있었다. 건축과와 토목과를 졸업하는 조선인은 한 해 한두 명에 불과했다. 1920년 김세연이 건축과를 졸업했을 때 조선인은 김세연 혼자였다. 총독부는 조선인 노동자가 많은 공사 현장을 관리하기 위해 조선인을 뽑을 수밖에 없는 상황이었다. 그마저도 몇 명 뽑지 않았는데. 취직이 되어도 조선인이라는 이유로 임금 차별을 받았다.

그렇다고 조선인이 총독부가 아닌 민간 기업에 취직할 수도 없었다. 당시 민간 건축기업은 일본 기업이었는데 조선인은 아예 뽑지 않았다. 건축을 전공한 조선인이 그나마 취직할 수 있는 길은 학교 소개로 총독부 건축조직에 들어가는 일이었다. 임금 차별을 받던 조선인 건축가 대부분은 낮에는 총독부에서 일하고, 밤에는 부업을 했다. 경교장도 김세연이 부업으로 한 설계였다. 그런데 설계는 김세연의 주종목이 아

1949년 백범 서거 당시 경교장(위)과 앞마당이 주차장으로 변해버린 지금의 경교장(아래).

니었다. 21년간 재직한 총독부에서도, 박길룡건축사무소에서 부업을 할 때도 그의 존재감을 드날린 것은 다른 종목에서였다.

프래트 슬래브(Flat Slab, 평판 슬래브)에 대해서(《조선과 건축》, 1928년 10월)

나상근螺狀筋을 갖는 철근 혼응토(混凝土, 콘크리트) 원주 설계(《조선과 건축》, 1928년 11월)

곡축曲軸을 갖는 철근콘크리트 구재構材의 응력(《조선과 건축》, 1930년 11월)

멀미나도록 공학 냄새를 풍기는 제목들이다. 모두 김세연이 1928년과 1930년에 〈조선과 건축〉에 발표한 글이다. 첫째 글은 조선인 최초로 쓴 건축구조 분야 논문인데, 미국의 최신 철근콘크리트 시공법을 소개했다. 둘째 글은 프랑스와 미국 공학자의 실험과 이론을 도입해 쓴 논문이다. 논문 제목에서 혼응토는 콘크리트의 한자어다. 중국에서는 아직도 이 단어를 사용한다. 셋째 글은 독일 잡지 〈콘크리트공학〉에 실린 글을 번역한 것이다.[35]

논문의 수준이나 깊이를 떠나 김세연이 그런 글을 썼다는 자체가 놀랍다. 조선에서 경성공업전문학교를 아무리 높게 평가해도 어차피 4년제 대학이 아닌 3년제 전문학교였다. 이론보다는 당장 활용할 수 있는 기술 위주의 지식을 가르치는 곳이었다. 건축 서적도 '조선건축회'를 통해 들어오는 제한된 자료가 거의 전부였다. 그런 형편에 독학으로 논문을 썼고 구조계산의 달인이 되다니! 1941년 경성고등공업학교를 졸업하고 총독부에서 근무했던 김정수는 김세연의 실력을 이렇게 회상했다.

> 김세연 선생이 총독부 영선과에 재직 시에는 약 70여 명의 일본인 기술자들 사이에서도 기술이나 경험 면에서 존경의 대상이었으며, 10여 년의 경력을 쌓은 대학 출신 일본인 기술자들도 자기가 설계한 도면을 김세연 선생에게 가져가 체크를 받고 치수가 약간 적어 보이는 철근이라고 지적을 받으면 구조계산을 다시 해보지도 않고 그 자리에서 도면을 김세연 선생이 지시한 대로 수정해버리는 것을 볼 수 있었으니…[36]

박길룡과 김세연은 환상의 파트너였다. 조선인 건축가들 중에서 설계는 박길룡, 구조는 김세연으로 통했다. 기술과 경험에 관한 한 일본인들도 그들에게 토를 달지 못했다. 1932년 박길룡이 총독부를 퇴직하고 '박길룡건축사무소'를 세우자, 김세연은 그곳에서 부업으로 구조를 담당했다. 김세연이 구조계산한 것으로 알려진 건물은 미쓰코시백화점(현재 신세계백화점), 화신백화점(철거), 조지아백화점(현재 롯데영플라자), 경성제국대학 본관(현재 예술가의 집) 들이다.

당시 건축 일은 설계, 구조, 시공 업무가 명확하게 분리되지 않았다.

미쓰코시백화점(위)과 지금의 신세계백화점(아래).

조지아백화점(위)과 그 자리에 들어선 롯데백화점 영플라자(아래).

이것저것 두루두루 다 하던 시대였다. 구조 전문가 김세연 역시 설계도 하고 시공도 했다. 경교장 외에 창신동의 옛 동덕여자고등보통학교(1933년)와 풍문여학교(1945년)를 설계했으며, 해방 뒤에는 옛 중동고등학교, 옛 휘문중고등학교, 옛 보성중학교 강당, 대한극장 기초설계, 옛 국학대학, 소공동 중앙상공회소(개조) 들을 설계하거나 시공했다.

1940년 총독부 건축기사가 된 김세연은 일 년 뒤 사임하고 '대창공영주식회사'라는 건설업체를 운영했다. 그런데 1943년 박길룡이 뇌일혈로 갑작스레 세상을 떠나자 김세연은 운영하던 회사를 그만두고 박길룡건축사무소 이름을 그대로 유지한 채 회사를 이어나갔다.

해방 뒤 원로 건축가 대접을 받게 된 김세연은 새로 창립된 여러 건축 단체의 좌장을 맡았다. 1945년부터 1954년까지 조선건축기술단, 조선건축기술협회, 대한건축기술협회, 대한건축학회의 단장과 회장을 역임했으며, 조선건축사협회 고문과 조선토건협회 초대 회장도 지냈다. 모두 오늘날 주요 건축단체인 대한건축학회, 대한건축사협회, 대한건설협회의 전신들이다.

그런데 해방이 되자 김세연은 박길룡건축사무소를 접고 김세연건축사무소를 열었다. 박길룡건축사무소는 한국 최초의 건축사무소였다. 박길룡은 차별받는 조선인 건축가들의 큰 우산이었고, 박길룡건축사무소는 그들 모두의 아지트였다. 그것만으로도 한국 건축사에서 대단히 의미 있는 장소다. 더구나 박길룡과 김세연은 척박한 시절을 함께 걸어온 사이였다. 그런 사무소를 김세연은 왜 닫았을까? 한꺼번에 여러 감투를 쓰다 보니 없던 야심이라도 갑자기 생긴 걸까?

김세연건축사무소가 개소한 것은 1948년이었다. 그해 반민특위가 구성되었다. 반민특위가 구성되기 전에도 대중들은 친일파를 성토하고 단죄를 요구해왔다. 박흥식, 김연수, 김성수 같은 조선인 건축주들은 반민특위에 회부되었다. 경교장의 주인 최창학도 마찬가지였다. 최창학이 경교장을 백범에게 헌납한 것은 친일 경력을 무마하기 위해서였다.

그런 사람들의 건물을 가장 많이 설계했던 건축가가 바로 박길룡이었다. 사실 박길룡에게 건축을 맡긴 사람은 반민족주의자만이 아니라 민족주의자, 사회주의자까지 다양했다. 그만큼 박길룡의 인지도가 높았기 때문이다. 그 점은 일제에게도 유용했다. 박길룡의 이름은 곧 전시체제를 지원하는 단체에 올랐다.

해방정국에서 김세연은 내심 불안하지 않았을까? 건축 인생의 파트너 박길룡의 이름 앞에서 망설이지 않았을까? 그래서 차라리 박길룡의 간판을 내리는 것이 갓 조직한 건축단체나 옛 동료 그리고 자신의 명예를 보호하는 길이라고 생각한 것은 아니었을까?

훗날 윤동주 시인의 동생이자 건축학자인 윤일주는 박길룡의 경력을 우려한 적이 있었다고 털어놨다. 윤일주가 한국근대건축의 개척자로 알려진 박길룡의 자료를 입수해 조사했을 때였다. 문헌 자료들을 앞에 놓고 펼쳐보기 전에 혹시라도 친일 요소가 발견되면 어쩌나 걱정이 되었다는 것이다. 그러나 문헌을 뒤질수록 한국인으로서 박길룡의

뚜렷한 입장과 주장을 확인하게 되어 오히려 마음이 들뜰 정도였다고 회고했다.[37]

그만큼 그 시대의 건축가는 일제라는 태생적인 한계를 가지고 있었다. 건축가들끼리 아무리 팔은 안으로 굽는다 해도 온전히 털어낼 수 없는 한계였다. 그래서 근대건축은 편하게 말할 수 있어도, 근대건축가만큼은 말하기가 껄끄럽고 조심스러울 수밖에 없다.

그런데 현실은 다른 모양이다. 건축 밖의 사람들은 건축가를 주목하지도 않았고, 사상이나 의식과 관련된 존재로 여기지도 않았다. 박동진이 보성전문학교 도서관을 설계했을 때였다. 민족의식을 운운하는 박동진에게 건축주인 김성수는 기술자가 도면이나 그리지 무슨 인생관이냐고 말했다. 발끈한 박동진이 기술자에게도 조국이 있고 민족이 있다고 받아치자 김성수가 사과했다는 에피소드가 전해진다.[38]

와세다대학을 졸업한 김성수는 서양의 건축을 두루 돌아보고 직접 설계안을 낼 정도로 건축에 관심이 많았다. 그런 사람에게도 건축가의 의미는 그 정도였다. 사농공상의 관념이 잔존하던 시대에 건축가를 미장이로 알던 사람들도 수두룩했다.

아이러니하게도 그런 인식이 건축가에게는 오히려 보호막이 되었다. 양날의 칼처럼 건축가도 그 보호막 뒤에서 과학과 기술의 중립성이라는 함정에 빠지곤 했다. 건축 안의 문제는 예민했지만, 건축 바깥의 문제를 끌어안으며 사회적인 존재로 성장하는 속도는 느렸다.

백범 서거 후 경교장은 최창학에게 반환되었다가 타이완 대사관저, 미군 특수부대 주둔지, 베트남 대사관저로 역할이 바뀌었고 급기야 강북 삼성병원 현관이 되었다. 그렇게 파란만장한 시절을 겪은 뒤 시민단체의 노력으로 복원을 거쳐 전시관으로 개관했다. 그러나 백범 시절 시민들로 가득 찼던 마당은 주차장으로 변했고, 경교장은 구름다리와 병원 건물들에 갇힌 신세가 되었다.

　　오늘날 경교장을 재력으로 가둬버린 병원 이름은 삼성三星, 오래전 최창학을 천만장자 친일파로 만들어준 금광 이름도 삼성三成이다. 한자가 다르긴 하지만 소유주가 이 삼성이든 저 삼성이든 경교장은 백범 김구가 살았을 때 가장 찬란했다. 경교장을 부업으로 설계했던 김세연도 그때가 가장 당당했을 것이다.

7장
•
장관직만 다섯 번,
김윤기

김윤기

•

1904~1979

전라북도 김제에서 태어났다. 조선인 최초로 와세다대학 건축과에 입학한 김윤기는 졸업 후 조선총독부 철도국 공무과 건축계에 취직했다. 고등관기사로 17년간 철도국에 근무하면서 철도 건축 전반에 관한 계획과 설계를 책임졌다. 해방 뒤에는 기술행정가로 변신했는데, 운수부 기술서장, 교통부 자재국장·시설국장·철도건설국장에 이어 교통부 차관까지 지냈다. 1960년대에는 교통부 장관, 건설부 장관, 정무 담당 무임소 장관, 경제 담당 무임소 장관 등 다섯 번이나 장관직을 맡기도 했다.

건축 행정가로서 이름을 날렸지만 그가 설계한 것으로 알려진 건축은 찾아보기 힘들다. 그러나 건물이 들어설 수 있는 도시와 사람들이 일하고 생활할 수 있는 사회기반시설을 만들고, 해방과 전쟁이라는 공백기에 후배 건축가들이 모일 수 있는 조직을 세우는 등 보다 큰 틀에서 자신의 역할을 수행했다.

“저것 좀 보시오, 조선은 목축이 상당히 발달했나 보군요.”
“아, 저건 축사가 아니라 민가입니다.”

탁! 김윤기는 읽고 있던 신문을 책상에 내리쳤다. 얼굴보다 심장이 먼저 화끈거렸다. 신문을 노려보았다. 방금 읽었던 기사의 일본 글자들이 꿈틀거렸다. 꿈틀거리다가 키득키득 비웃기 시작했다.

다시 한 번 말해줄까? 제1차 세계대전이 끝난 뒤였어. 프랑스의 어느 장군이 조선에 들렀지. 장군이 기차를 타고 가는데 창밖으로 농촌 풍경이 보였어. 삐죽하게 자란 풀 사이로 짚과 흙으로 만든 물체가 옹기종기 모여 있었지. 장군은 한눈에 알아봤어. “소와 돼지를 기르는 축사구나! 조선은 목축업이 발달한 나라구나!” 그랬더니, 옆에 있던 일본 기자가 뭐라고 말했게? “어이쿠, 저건 가축이 사는 축사가 아니라 조선 사람이 사는 집입니다요!” 일본 기자는 이런 말도 덧붙였겠지. “그래서 일본이 조선에 온 겁니다. 조선인을 계몽하고 조선을 발전시키기 위해!”

김윤기는 정신이 번쩍 들었다. 이제 자신이 무엇을 해야 할지 뚜렷해졌다. 얼마 뒤 그는 조선인 최초로 와세다대학 건축과에 입학했다.

원래 김윤기는 고등보통학교를 졸업한 뒤 부친의 권고로 경성의학전문학교에 진학했다. 그런데 그 무렵 유학 바람이 불기 시작했다. 한해 전에 일어난 3·1운동 이후 조선인의 교육열은 뜨거워졌다. 그런 분위기에서 김윤기는 경성의학전문학교를 그만두고 일본 유학을 결심했다. 유학을 가도 바로 대학에 지원할 수 있는 건 아니었다. 교육 차별 정책으로 조선과 일본의 학제가 달랐기 때문이다. 일본보다 3년이 짧은 교육 기간을 보충해야 대학에 갈 수 있었다. 김윤기는 동경에서 중학교 4학년에 편입했다.

그러던 어느 날 우연히 신문 기사를 읽었고, 한참을 부들부들 떨다가 자신의 진로를 정했다. 그때 심정을 김윤기는 이렇게 회상했다.

당시 청년들의 기개는 해외 유학을 해서 대정치가가 되어 조국을 구하겠다는 풍조가 충만하던 때였다. 필자 역시 그 풍조에 동조하게 되어 일본 유학을 결심하고 동경으로 건너가 … 필자는 이 기사를 읽고 크게 자극을 받았다. 건축을 공부해서 조국 동포를 위해 주거 향상책을 세워주자고 결심하게 되었다. 그런가 하면 당시 동경 유학생 중에는 김준연, 서춘 등 쟁쟁한 분들이 많았으니 정치는 저분들에게 맡기고 나는 일개 기술자로 조국 광복에 힘쓰겠노라고 더욱 결심을 굳히게 되었다.[39]

건축이란 단어조차 생소하던 시절이었다. 건축을 안다 해도 개인적이고 현실적인 이유로 선택하곤 했다.

"미술을 좋아해서 화가가 되고 싶었는데 부모님이 반대를 하셨지. 화가는 가난했으니까. 그때 학교 선생님이 건축을 소개해줬어. 건축은 미술도 기술도 다 있으니 일거양득이라고."

"앞으로는 기술자 시대라는데 건축을 배워두면 먹고살 걱정은 안 해도 될 것 같아서."

"설마 일본 순사가 건축하는 사람을 잡아갈 일이야 생기겠어?"

건축을 선택했던 이유가 달라서였을까. 김윤기의 건축 행보는 다른 건축가들과 점점 달라졌다. 1928년 와세다대학을 졸업한 김윤기는 조선총독부 철도국 공무과 건축계에 취직했다. 건축과 출신이 철도국에 입사해 이상해 보일 수도 있지만, 철도 역사나 철도 호텔 같은 철도 관련 공사는 철도국이 따로 맡아서 하던 때였다.

철도국은 아무나 취직할 수 없었다. 기차는 첨단 과학기술을 자랑하는 근대문명을 상징했고, 군사·물품·정보가 흐르는 곳이었다. 그만큼 대우가 좋았다. 조선인 김윤기가 철도국에 취직할 수 있었던 것은 학력 때문이었다. 일본인이 판치는 건축계는 민족 차별만이 아니라 학력 차별도 심했다. 와세다대학 공학사 졸업장을 가진 김윤기는 철도국 건설과장이라는, 조선인으로서는 파격적인 대우를 받고 입사했다.

1939년 10월 12일자 〈동아일보〉에는 김윤기에 관한 기사가 나왔다. 기사 제목은 "김윤기 씨 철도국 기사로 승진, 조선인으로서 최초"였다. 김윤기는 해방이 될 때까지 철도국에서 근무했다.

해방이 되자 김윤기는 기술행정가로 변신했다. 운수부 기술서장, 교통부 자재국장·시설국장·철도건설국장에 이어 교통부 차관도 역임했다. 1960년대에는 다섯 번이나 장관직을 맡았다. 교통부 장관을 두 번 했고, 건설부 장관, 정무 담당 무임소 장관과 경제 담당 무임소 장관을 지냈다.

김윤기는 정무 각료 중 유일하게 이공계를 나왔고 철도국 평직원 출신이었다. 동경 유학 시절만 해도 정치는 쟁쟁한 사람들에게 맡기고 자신은 일개 기술자가 되겠다던 김윤기였으니, 출세라면 대단한 출세를 한 셈이다. 1968년 〈매일경제신문〉에 김윤기는 "억세게 관운이 좋은 장관"으로 소개되기도 했다.[40]

바로 그 억세게 좋은 관운 때문에 '건축가 김윤기'의 모습은 사람들에게서 잊히고 말았지만, 사실 김윤기는 행정직만이 아니라 건축계에서도 활동했다. 대한건축학회의 회장(2대, 6대)과 한국건축가협회의 회장(2대)도 역임했다.

그런데 애초 조선을 비하하던 신문기사에 분통을 터뜨리고 주거 향상책을 세우겠다던 초심은 어떻게 되었을까? 의외로 김윤기의 와세다 대학 졸업 설계는 주거에 관한 것이 아니었다. 김윤기가 선택한 주제는 '민중회관'으로, 대강당과 체육관을 둔 공공 집회시설이었다. 산업 발달로 도시 인구가 증가하면서 도시 시민들을 위한 공공건물이 한창 필요할 때였다. 시사적인 내용이었고 다른 일본 학생들도 많이 선택하던 주제였다.

졸업논문은 좀 달랐다. 김윤기의 논문 제목은 〈조선주가住家에 대해〉였다. 가축이 아니라 조선 사람이 사는 집이었다. 주택 문제는 김윤기를 건축으로 이끈 동기였고, 졸업 후에도 내려놓지 않았던 화두였다. 논문은 민가에 대한 웬만한 정보들을 다 담았다. 조선의 지리적 환경부터 생활양식, 조선 주택의 유래, 건물 배치, 각 실의 명칭과 배치, 외관, 구조, 실내장식, 지방의 특징과 도면, 온돌과 마루의 기원, 건축비, 조선 주택의 장단점, 개선 사항까지. 김윤기는 여름방학 때마다 귀국해 직접 답사를 다니며 사례조사를 했다.[41]

주거 향상책에 대한 초심은 철도국에 입사한 다음에도 이어졌다. 계속 민가와 주택 개량을 연구했고 그 내용을 〈조선과 건축〉〈조선일보〉〈동아일보〉에 발표했다. 1930년에는 〈동아일보〉에 위생적이고 경제적이며 쾌적한 '건강주택'에 관한 글을 연재하기도 했다. '건강주택' 유형도 마련해두었다. 11평짜리 5인용 주택부터 삼대가 모여 사는 26평형 주택까지 모두 네 종류였다. 이상적인 주택을 위한 지세와 방위, 대지 모양, 채광과 환기, 구조, 마감재, 각 방의 위치와 가구 배치 등 주택에 대한 세세한 지식까지 꼼꼼하게 설명했다.

그럼에도 일제강점기 건축가의 한계는 어쩔 수 없었다. 조선 민가에 없던 현관을 도입한다든지, 실내에 복도를 만들어 방을 배치하는 방

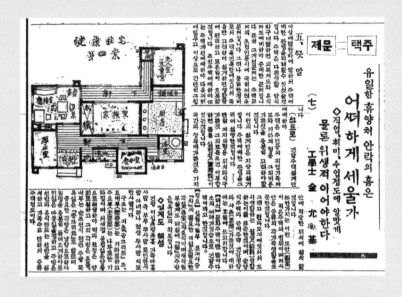

1930년 10월 11일자 〈동아일보〉에 실린
김윤기의 '건강주택 제4안'(삼대가 함께 사는 9인 가족 26평형).

식은 일본식이었다. 문화주택 형태에 조선식, 일본식, 서양식을 절충하는 방식도 다른 건축가들과 별반 차이가 없었다.

김윤기의 관심은 빈민들이 살던 토막에도 미쳤다. 토막은 땅을 판다음 그 위에 거적을 얹고 흙을 덮어 겨우 추위나 비바람을 면하던 움막집이다. 토막 내부 상태는 유치진의 희곡 〈토막〉(1932년)의 무대배경에 잘 묘사되어 있다.

> 읍에서 그다지 멀지 않은 명서의 집. 외양간처럼 음습한 토막집의 내부. 온돌방과 그에 접한 부엌, 방과 부엌 사이에는 벽도 없이 통했다. 천장과 벽이 시커멓게 그을은 것은 부엌 연기 때문이다. 온돌방의 후면에는 골방으로 통하는 방문이 보인다. … 왼편에 한길로 통한 출입구. 오른편에는 문 없는 창 하나. 창으로 가을 석양의 여윈 광선이 흘러 들어올 뿐, 대체로 토막 안은 어두컴컴하다.[42]

김윤기는 경성의 대표적인 토막촌인 용산 도산桃山 근처를 살핀 뒤평면과 단면을 스케치하고 설명을 덧붙여 1930년 〈조선과 건축〉 10월호에 발표했다. 그가 토막을 조사한 이유는 건축가로서 원시적인 형태의 주거에 대한 호기심도 있었지만, "사회로부터 버려져 성가신 존재로 비치고 그다지 돌봐주지 않는 그들 토막민이 어떠한 생활을 하고있는지를 알고" 싶어서였다.[43]

토막은 1930년대에 전국적으로 급증했다. 신문 사회면에 각 지방의 토막에 관한 기사가 실리지 않는 날이 없을 정도였다. 그런데 그 시기가 조선인 건축가들에게는 호황기였다. 회사령 철폐 이후 형성된 자본가들이 점점 더 많은 건물을 의뢰했기 때문이다. 건축가들은 사무소, 공장, 학교, 백화점과 도시 상류층의 문화주택을 설계하고 시공했다.

건축가들이 제안한 주택 개량안은 실내 화장실, 입식 부엌, 난방 문제를 전제로 한 것이었다. 그런 상황에서 토막에 관심을 둔 건축가가 몇 명이나 있었을까. 김윤기에게 '축사畜舍의 기억'이 없었다면 토막에 관심을 가졌을까 싶다.

김윤기의 주거 향상책이 현실로 나타난 것은 해방 이후였다. 1950년대 김윤기가 대한주택영단(현재 대한주택공사) 이사였을 때는 10평대 국민주택을 비롯한 공영주택을 보급했고, 1970년대 새마을 기술봉사단 중앙 회장이었을 때는 농촌 지역 주택 개량사업을 펼쳤다.

김윤기는 과학운동에도 적극적이었다. 와세다대학 시절 조선인 유학생들과 '사이언스 클럽'을 만들고, 방학 때면 귀국해 순회강연으로 일반인들에게 과학 지식을 보급했다. 철도국에 근무했을 때는 박길룡과 함께 '조선공학회' 간사로 당선된 적도 있다. 해방 뒤에는 한국과학기술단체총연합회 초대회장을 지냈다.

그렇게 다양한 활동을 했던 김윤기가 훗날 가장 뿌듯해하며 들려주는 이야기는 따로 있었다. 바로 일제강점기의 한옥형 철도역사驛舍였다. 조선의 문화라면 폄하하기에 바빴던 일제가 근대의 상징인 역사를 한옥형으로 만든 적이 있다. 김윤기는 그 배경에 자신의 노력이 있었다고 여러 번 말했다.

(당시 철도국 공무과 건축계 과장과 계장은 일본인 기사인데, 과장은 조선 문화재 애호가이고 계장은 골동품 애호가였다.) 이러한 직장 환경 속에서 한번 건의 비슷한 말을 해보았다. 역사 건축양식은 한번 생각해볼 만한 것인데 여객의 흥미를 돋우기 위해 수원이나 전주, 남원, 경주 등지는 역사의 배경이 있는 곳이니 한국 양식의 역사를 세울 만하지 않겠는가, 또 한국 기풍을 가미한 역사는 철도로 여행하는 여객을 늘릴 수 있을 것이다, 라고 했더니 일리가 있다고 하면서 어디 몇 군데 해볼까? 하고 받아들이게 되었다. 그래서 수원, 전주, 남원, 경주, 불국사, 서평양, 신북청 등 역사를 한국식으로 세우게 되니 당시 호평이 대단했고 나의 속마음도 후련했다. … 여하간 왜정 시대에 한국 정신이 들어 있게 된 것이 지금 생각해도 후련했었다.[44]

당시 국내 철도는 일본인들이 장악하고 운영할 때였다. 내게 역사를 설계해 신축하라는 임무가 부여되었다. 나는 이 궁리 저 궁리 끝에 결심을 하였다. 민족의 얼이 담긴 순 한국식 건축양식으로 설계하고 몇 곳에 신역사를 짓게 했던 것이다. 수원역, 남원역 등을 한국식 건축양식으로 역사를 세우자니 그들(일본인)이 달갑게 여길 리 없었다. 그러나 그들은 내 말에(한국인의 철도 이용을 장려하려면 역사부터 친밀감을

주도록 지어야 된다) 어쩔 수 없이 고개를 끄덕였다. 심중에 쾌재를 그들이 알 리 없었다.[45]

하지만 둘 다 정확한 이야기는 아니다. 총독부는 이미 1920년대 중반부터 철도를 활용한 관광사업을 계획했다. 철도국장이 지방 특색에 맞게 한옥형 역사를 채용하자고 주장한 적도 있다. 김윤기가 철도국에 입사하기 전에 지어진 한옥형 역사도 존재했다.

물론 김윤기가 철도국에 입사한 뒤에 더 많이 세워지긴 했다. 수원역사(1928년), 서평양역사(1929년), 전주역사(1929년), 남원역사(1931년), 남양역사(1933년)가 그렇다. 하지만 김윤기가 와세다대학을 졸업한 해는 1928년이었다. 갓 졸업한 사람에게 신축 역사 설계를 맡겼다는 것도 곧이곧대로 받아들이기는 힘들다.

기억의 왜곡 혹은 과장일까? 출세한 사람이 자서전을 쓸 때처럼 뭔가 아쉽고 변명하고 싶은 시절에 대한 반작용은 아닐까? 왕년에 남보다 화려한 이력을 가졌는데 그게 하필 일제강점기였다면 뭔가 다른 의미로 해석해 합리화든 자기과시든 하고 싶은 심리였을까?

한옥형 역사는 일본이 주도했든 김윤기가 제안했든, 어쨌든 본의 아니게 여러 의미로 볼 수 있는 건축이다. 조선인 건축가에게는 민족의 코드였고, 일본인 건축계장에게는 이국정취를 활용한 이윤의 코드였다. 무엇보다 한옥형 역사를 짓기 위해서는 전통건축 장인이 절대적으로 필요했다. 그러니 일제가 정책적으로 소외시킨 전통건축 장인에게

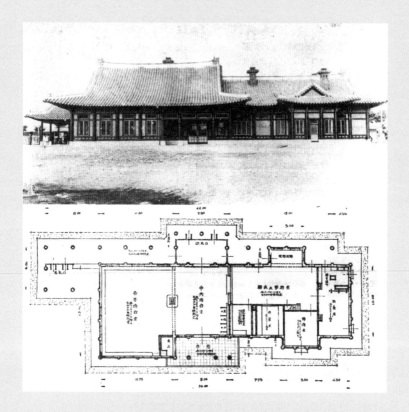

1928년 지어진 한옥형 수원역사.

는 제도권 내부로 들어올 수 있는 기회의 코드였다.

건축의 형태를 봐도 그렇다. 철도역사라는 근대적 공간을 전근대적 전통 양식으로 만드는 과정은 답습이나 모방만으로 될 수 없다. 대형 공공시설을 한옥형으로 만들기 위해 새로운 재료와 근대 공법이 채택되었고, 기능별로 공간을 구획하기 위해 전통적 평면도 변화했다. 넓어진 실내 공간을 덮기 위해 지붕 구성 방식도 복잡해졌다. 어찌 보면 한옥형 역사는 식민지의 지배자와 피지배자가 전통과 근대를 매개로 무난하게 타협할 수 있었던 지점이었다.

대개 건축 전공자가 진출하는 분야는 건축 설계, 구조계산, 시공 분야나 공무원, 공기업 등이다. 김윤기는 철도국에서 건축의 레이아웃에서부터 설계와 시공까지 경험했고, 건축구조에 관한 글도 번역했다. 그 뒤에는 공기업에서 일했고 행정가로서 이름을 날렸다. 건축으로 할 수 있는 것은 거의 다 해본 셈이다.

그런데 정작 그의 작품도, 그가 설계한 것으로 알려진 건축도 찾아보기 힘들다. 건축 역사가가 아니라면 그를 아는 사람도 드물다. 크게 출세하지도 못하고 그리 유명하지 않아도 작품을 남긴 건축가는 간혹 기억되지만, 김윤기에게는 그럴 만한 볼거리가 없다.

대신 김윤기는 보다 기본적인 물증을 남겼고, 보다 큰 틀에서 자신의 역할을 수행했다. 지상 위에 우뚝 선 건물이 아니라, 건물이 들어설 수 있는 도시와 사람들이 일하고 생활할 수 있는 사회기반시설을 만들었다. 해방과 전쟁이라는 공백기에 후배 건축가들이 모일 수 있는 조직을 세우고, 일할 수 있는 환경을 지원했다. 물론 그가 기술행정가로서 활약했던 1960년대 개발이 낳은 부작용에 대한 역사적 평가는 따로 해야겠지만 말이다.

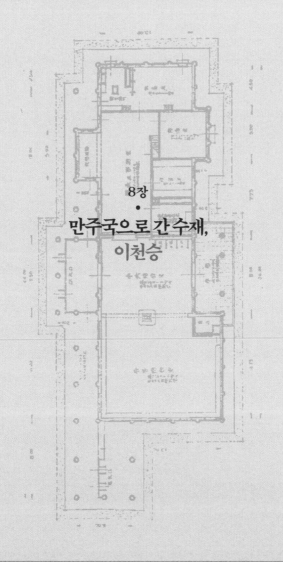

8장
·
만주국으로 간 수재,
이천승

이천승
•
1910~1992

서울에서 태어났다. 경성고등공업학교 건축과에 입학해 1932년 졸업할 때
는 전교 수석을 차지할 정도로 수재였다. 졸업과 함께 만주의 남만주철도주
식회사에 들어갔고 일본인과 함께 다롄역사, 신징역사, 다롄과 펑톈의 야마토
호텔, 투먼철도공장, 신징도시계획, 관동군청사 들의 설계와 감독에 참여했다.
1943년 귀국한 그는 전시체제에서 박흥식의 조선비행기공업주식회사에 들
어가 안양 비행기 제조공장과 격납고를 설계했다. 해방 뒤에는 만주국의 수도
신징도시계획 프로젝트에 참여한 경험을 살려 1946년 '도시계획연구회'를 설
립했고, 1950년대 서울시도시계획과 1960년대 남서울도시계획을 입안했다.
1950년에는 국회전문위원으로 위촉되어 건축법, 건축사법, 도시계획법 초안을
만들어 건설관련법의 기초를 닦았다. 1953년에는 경성고공 후배인 김정수와
'종합건축연구소'를 설립했다.
대표작으로는 영보빌딩(1937년), 시민회관(1956년), 신신백화점(1956년), 국제극
장(1957년) 들이 있다.

만주행 열차는 신의주를 지나 압록강 철교를 건너고 있었다. 멀어져 가는 땅과 다가오는 풍경 사이, 객차 안은 저마다 사연과 감상으로 술 렁였다. 스무세 살 이천승은 등 뒤로 멀어지는 조선을 돌아보지 않았 다. 눈앞에 펼쳐진 광활한 벌판만 응시했다. 벌판 위에 들어설 온갖 새 로운 건물을 상상하면서.

이천승은 윗옷 안주머니에 손을 넣어보았다. 손가락 사이로 전해지 는 차가운 감촉은 금시계. 경성고등공업학교가 전교 수석 졸업생에게 주는 상이었다. 입학할 때도 졸업할 때도 차별이라던 학교에서 이천승 은 1932년 건축과 수석도 아닌 전교 수석으로 졸업했다. 그것도 역대 최고 성적으로.

막상 금시계를 받고 나자 이천승은 그것을 손에 넣기까지 감내했던 차별이 징글징글해졌다. 남들처럼 총독부에 취직하는 대신 박길룡건 축사무소에서 일했다. 조선도 일본도 아닌 곳, 그러면서 더 넓고 더 새 로운 건축을 할 수 있는 곳은 어디일까 고민했던 그는 얼마 뒤 남만주

철도주식회사(이하 만철)에 입사 시험을 쳤고 합격했다. 이천승은 굳게 닫혔던 운명의 문 하나가 열리는 것을 느꼈다. 북방으로 가는 열차가 국경을 넘을 때 그의 가슴은 서운함보다 설렘으로 떨렸다.

만주와 만철은 경성고공의 수재였던 이천승에게 어떤 의미였을까? 만주 하면 떠오르는 전형적 이미지가 있다. 몰락한 농민들이 압록강과 두만강을 건너 개척하고 정착했던 간도, 정치적 망명자들이 항일 독립 운동을 하던 변방…. 그러나 그 생존과 저항의 만주는 애당초 이천승의 안중에 없었다.

이천승이 선택한 만주는 1930년대 '만주 붐'이 일어나던 만주국이 었다. 그가 만주에 간 것은 1933년이었다. 일제가 1931년 만주사변을 일으키고 1932년에 만주국을 세운 직후다. 대규모 투자와 개발이 한창 일어나고 있던 때였다.

일본 최고의 건축가들과 도시계획가들이 만주로 모여들었다. 대중의 저항 없이 마치 텅 빈 흰 도화지에 그림을 그리듯이, 프랑스 오스망 Georges-Eugene Haussmann의 파리 개조 못지않은 근대적 식민도시가 건설되고 있었다. 새롭게 조성된 도시 환경은 도쿄도 따라오지 못한다는 말이 나올 정도로 선진적이었다. 만주는 일본 건축계의 엘리트만이 아니라 외국 건축가들도 활동하던 국제 실험장이었다.

그곳에 만철이 있었다. 일제는 1905년 러일전쟁에서 승리한 뒤 러시아의 남만주철도 경영권과 철도부속지를 차지했다. 만철은 그것을 기

이천승이 근무했던 남만주철도주식회사 본사.

반으로 설립되었는데, 일제의 식민지 경영을 위한 실질적 국책회사였다. 만철은 철도사업만이 아니라 광업, 해운, 항만, 부두, 제철, 호텔, 병원, 학교 같은 이윤이 될 만한 사업은 모조리 도맡았다. 만주국의 수도가 된 신징(新京, 현재 창춘)의 '국도건설계획'과 펑톈(奉天, 현재 선양)의 '도시건설계획'까지 만철이 주도했다.

이천승은 만철에서 대규모 공사에 참여하면서 설계, 구조, 도시계획까지 두루 경험했다. 만철의 동료들은 일본 건축계를 주름잡던 동경제국대학 출신 일본인들이었다. 그들을 통해 경성고공에서는 배울 수 없는 고급 지식들을 채워나갔다.

이천승이 만철에서 참여했던 프로젝트는 다롄의 간징쯔발전소, 다롄역사, 신징역사, 다롄과 펑톈의 야마토호텔, 투먼철도공장, 신징도시계획, 관동군청사 들이다. 그중에서 이천승이 자신의 대표작으로 꼽은 것은 다롄역사였다. 훗날 그는 이렇게 자부심을 드러냈다.

> 내가 자력으로 처음 했던 것은 만철로 온 지 5년 만에 다롄역사 설계와 감독을 한 것이었다. 회사에서 각 부별로 현상모집이 있었는데 내가 주도한 우리 그룹의 안이 좋은 평을 받아 채택되었다. 다롄역사 사진을 가지고 박길룡 선생님을 찾아갔더니 선생님께서는 미리 건물의 스타일을 보고 내가 설계한 것인 줄 알고 있었다면서 흐뭇해 하셨다.[46]

김윤기의 한옥형 철도역사 이야기처럼, 이 내용도 사실과 거리가 있

일본 우에노역(위)과 만주국의 다롄역(아래).

다. 만철은 1924년부터 다롄역사 설계공모를 시작했다. 최종 당선작은 오타 무네오太田宗郎가 설계한 것이었다. 착공은 1935년이고 준공은 1937년이다.[47]

조선에서도 설계공모에 참여했다. 경성고공 교수였던 후지시마 가이지로藤島亥治郎와 도이 군지土井軍治가 1924년에 응모했다가 가작으로 당선되었다.[48] 그런데 이천승이 만철에 입사한 해는 1933년이다. 그가 다롄역사 설계와 감독을 했다는 5년 뒤는 다롄역사가 준공된 다음 해였다.

그럼에도 어긋나는 이야기의 간격을 줄여보려고 이런저런 가정을 해본다. 이천승이 입사 연차나 공사 연도를 착각했을까? 아마도 최종 당선작은 착공 직전에 결정되지 않았을까? 당선작을 낸 일본인은 이천승이 속한 설계팀의 팀장이었을 수도 있다! 이천승이 최종 응모안에서 눈에 띌 만한 입면 같은 것을 제안했을 수도 있다. 그래서 박길룡은 이천승이 설계한 것으로 생각했을지도 모른다. 그런데도 미심쩍은 것은 남아 있다.

다롄역사는 완공 당시 아시아 최대 규모였다. 공간은 기능적이고 합리적이었으며, 형태는 깔끔한 모더니즘풍이었다. 가장 큰 특징은 공항처럼 승객의 승하차 동선을 층별로 분리했다는 것이다. 그런데 이 방식은 이미 1932년 개축한 도쿄 우에노역사에 적용되었다. 우에노역사와 다롄역사의 입면 구성 방식도 유사하다.

이쯤 되면 자부심 넘치는 그의 이야기는 무색해진다. 현실적으로 따져 보면 이천승은 주요 설계보다는 공사에 필요한 실시설계나 공사 감독으로 참여했을 가능성이 크다.

몇 년 뒤 이천승은 다른 설계공모에 직접 응모했다. 1940년 3월이었고 중국에 세우는 '충령탑' 현상설계였다. 일본 육군정보부에서 주관했는데, 응모작이 모두 1700점이나 되었다. 이천승은 가작을 했다.[49] 그런데 일본 육군이 중국에 세우는 충령탑이라면 중국 침략 과정에서 목숨을 잃은 일본 군인의 넋을 기리기 위한 탑이 아닌가. 그런 설계를 이천승은 과연 무슨 생각으로, 누구를 위해 했던 것일까.

1975년 이천승이 쓴 글에는 만주의 일상을 엿볼 수 있는 에피소드가 나온다. 이천승은 투먼圖們에서 철도공장을 건설할 때 처음으로 조선인을 만났다. 그때 비로소 독립군의 활동과 국내 독립운동 소식을 들을 수 있었다.[50] 그런데 그때가 이천승이 만주에 온 지 8년째 되던 해였다. 만주에서 8년 만에 조선인을 만났다니, 그건 어떤 의미일까.

'만주 붐'이 일던 만주의 도시는 공장과 철도가 빠르게 건설되고, 상하수도와 수세식 화장실이 도쿄보다 더 먼저 보급되었던 첨단의 공간이었다. 조선과 일본, 중국에서 다양한 계층의 사람들이 다양한 이념과 다양한 이유로 만주로 몰려들었다. 조선에서는 '만주광' 현상이 생길 정도였다.

작년 9월에 일어난 만주사변을 기회 삼아 아직 확실성은 없다 하더라도 소위 신정권이 생기고 신국가가 성립되어 문호를 개방하고 덕정을

베풀고 민족공영을 부르짖고 하는 바람에 무슨 수가 생길 듯이 조선
에서는 단체나 개인을 물론하고 어중이떠중이 모두 튀어 나서 만주,
만주 하고 뒤떠들었다. 그중에도 정말 살 수 없는 궁민층보다는 소위
지식층, 부호층들이 상당히 열을 내어가지고 무엇이 금방에 될 듯이
야단을 쳤다.[51]

만주가 기회와 출세의 땅이 되자 다양한 이민사회가 형성되었다. 실
업자, 부랑자, 범죄자 집단에서부터 농민, 노동자, 극소수 대자본가, 상
공업자, 만주국 관료, 지식인층에 이르기까지 다양한 사회가 존재했
다. 만주국의 건국이념과 정책은 젊은 지식인층을 자극했다. 만주국은
일본인, 만주인, 조선인, 한족, 몽골인이 다 평등하다는 '오족협화五族協
和'를 선전했고 차별 없는 등용을 내세웠다. 결국 포장된 허상에 불과
했지만, 안정적인 취업이 힘들고 민족 차별에 치이던 조선의 엘리트들
은 혹할 만했다. 일본 유학을 마치고 만주국 고등고시를 쳐서 만주국
관료가 된 조선의 젊은이들도 제법 있었다.

한국 사람은 똑같이 일하고도 월급은 적게 받는다는 것을 알게 되니
까 도저히 일본 사람 밑에서는 일을 못하겠다는 생각이 드는 거예요.
… 그래서 무슨 방도가 없나 생각하는데, '만주국'이라는 걸 들었어
요. … 차별이 없는 세상이라는 걸 듣고 나니까 그것 참 잠이 안 오더
라고요.[52]

그런데 만주국의 조선인 고등 관료를 비롯해 입신출세를 위해 만주에 온 엘리트들은 일반적인 조선인 이민자와 달랐다. 자신을 조선인 이민자 사회의 일원으로 넣으려 하지 않았다. 스스로를 일본인과 동일하다고 생각하면서 우월감을 가지고 조선인 이민자들을 대했다.[53]

이천승은 만주에서 어떤 정체성으로 살았을까. 그는 나라를 잃은 해에 태어났고 식민교육을 받으며 자랐다. 유독 엘리트 의식이 강했던 그는 차별받지 않기 위해, 출세를 위해 만주로 향했다. 만철은 일본 엘리트에게도 도전과 모험의 상징이었고 신분 상승의 수단이었다. 이천승은 일제가 세운 만주국에서 일제의 싱크탱크가 있는 만철에 취직한 조선인이었다.

이천승이 활동했던 다롄, 펑톈, 신징, 하얼빈은 교통과 사람이 몰리는 중심지였다. 그만큼 조선인 이주자들이 많았고, 민족단체를 조직하기 좋은 도시였다. 1939년 신징으로 옮기기까지 만철 본사는 다롄에 있었다. 항일운동가들이 법정투쟁을 벌였던 다롄지방법원도 다롄에 위치했다. 그들이 옥중투쟁을 벌였던 뤼순감옥도 다롄 지역이었다. 이천승이 자랑하던 자신의 대표작도 다롄역사였다.

그런데도 이천승은 만주에 온 지 8년 동안 조선인을 만난 적도, 독립운동 소식을 들은 적도 없었다는 것이다. 그도 만주국의 잘나가던 조선인 엘리트처럼 내면화된 일본인이거나 스스로를 조선계 일본인쯤으로 생각했던 걸까?

1943년 이천승은 10년간의 만주 생활을 접고 귀국했다. 태평양전쟁 시기였기에 일거리는 없었다. 조선에서 이천승이 취직한 곳은 박흥식의 조선비행기공업주식회사였다. 박흥식은 해방 뒤 반민특위 제1호로 체포된 매판 자본가였다. 조선비행기공장은 전투기 제작을 목적으로 설립된 군수공장이었다.

일제의 전쟁을 대놓고 지원하는 곳인데도 조선인들이 몰려들었다. 그곳에 취직하면 징용을 면제받을 수 있었기 때문이다. 이천승도 같은 이유로 그곳을 찾았고, 안양 비행기 제조공장과 격납고를 설계했다. 김태식, 김중업, 이희태 같은 해방 뒤 한국 건축계를 이끄는 건축가들도 그곳에서 일했다.

해방이 되자 이천승은 다시 활개를 폈다. 그의 만철 경력은 비난거리가 되지 않았다. 오히려 그가 만철에서 쌓은 남다른 경험은 차별화된 경쟁력이 되었다. 도시계획 분야에서 특히 그랬다.

이천승은 만철에서 만주국의 수도 신징도시계획팀에서 일한 적이 있다. 그때 일본의 도시계획 전문가들과 일하면서 도시계획학을 독학했다. 해방 뒤 도시계획은 국가재건사업에서 필수 분야였지만 일반 건축가들에게는 생소한 분야이기도 했다.

운 좋게도 또 하나의 희소가치를 갖게 된 이천승은 자신의 영역을 더욱 단단하게 다졌다. 박흥식의 조선비행기공장에서 알게 된 이희태와 1946년 '도시계획연구회'를 만들었는데, 그곳은 한국에서 최초로 도시문제와 주택문제를 다룬 연구소였다.

이천승은 1950년대 서울시도시계획과 1960년대 남서울도시계획을 입안했다. 1950년에는 국회전문위원으로 위촉되어 건축법, 건축사법, 도시계획법 초안을 만들어 건설관련법의 기초를 마련했다. 1953년에는 경성고공 후배인 김정수와 '종합건축연구소'를 설립했다. '종합'이란 이름처럼 건축계획, 설계, 구조, 전기, 설비, 도시계획 분야를 종합적인 시스템으로 운영하는 대형 설계조직이었다. 이런 방식은 한국에서 처음이었고, 본격적인 설계사무소의 출발점이 되었다. '종합건축'은 탄탄한 인맥으로 구성되었는데, 이후 선후배 건축가들이 세대를 이어가며 경영했다.

종합건축의 주요 작품은 그 시대의 대표작이었다. 시민회관(1956년, 화재로 소실), 신신백화점(1956년, 철거), 국제극장(1957년, 철거), 명동성모병원(1958년), YMCA 본관(1960년), 장충체육관(1963년), 연세대 학생회관(1966년), 조흥은행 본관(1966년), 국회의사당(1969년), 한국과학원(1972년), 서울대 중앙도서관(1972년), 서울서부역사(1974년), 한국증권거래소(1975년), 국회도서관(1981년), 국립중앙박물관(1982년), 한국조폐공사(1985년), 목동청소년회관(1986년) 같은 굵직한 프로젝트가 많다.

1957년까지 종합건축에서 이천승이 했던 작품은 시민회관, 신신백화점, 국제극장이다. 세 건물은 모두 사라졌지만 당시에는 상당한 화제가 되었다. 시민회관은 말도 많고 탈도 많은 건물로 유명했다. 원래 이름은 이승만 대통령의 호를 따서 우남회관이었는데, 명칭에 대한 반감과 공사비 문제로 공사하는 날보다 쉬는 날이 더 많았다.

세종문화회관 자리에 있었던 시민회관(1962년 모습).

이천승이 설계한 국제극장(1962년 모습).

4·19혁명 이후 이 건물은 '시민회관'으로 개명되었고, 착공한 지 5년 만인 1961년 10월에 완공되었다. 기념성을 강조하기 위해 세종로에 면한 부분을 10층 높이의 탑 모양으로 세웠다. 1972년 화재로 소실된 뒤 그 자리에 세종문화회관이 들어섰다.

신신백화점은 2층 높이의 임시 건물이었지만, 아케이드 형식과 커튼월 구조를 도입한 최초의 쇼핑몰이었다. 국제극장도 커튼월로 밝고 가벼운 느낌을 주었고, 한국에서 처음으로 객석을 스타디움 형식으로 설계했다.

다른 원로 건축가들처럼 이천승도 여러 건축단체 좌장을 맡았다. 1955년에는 대한민국 미술전람회(국전)에 건축부를 신설하고 건축부 심사위원을 맡았고, 1957년에는 한국건축작가협회(현재 한국건축가협회) 초대 회장을 지냈다. 둘 다 건축 예술과 작가주의를 지향한 단체라는 점에서 기존 건축학회와 달랐다.

건축 설계, 도시계획, 건축법, 건축단체, 대학의 건축 교육까지 이천승의 경력은 화려했다. 그런데 이 대단한 업적 뒤에 숨겨진 이야기가 있다. 그 이야기는 세월이 한참 지나 어느덧 원로 건축가가 된 후배들의 회고담에서 흘러나왔다.

그중에서 많이 알려진 이야기는 시민회관 설계와 관련된 것이었다. 시민회관은 원래 현상설계라서 내로라하는 건축가들이 거의 참여했다. 그런데 심사위원이던 이천승이 '당선자 없음'으로 발표하고 자신이 직접 설계를 했다. 당시 건축계에서는 흙탕물을 끼얹는 사건이라며 불만이 터져

나왔지만 얼마 못 가 흐지부지되고 말았다.[54]

종합건축연구소 설립 과정에 관한 이야기도 있다. 그동안 종합건축연구소는 이천승과 김정수가 설립한 것으로 알려졌다. 그러나 나중에 밝혀진 내용은 좀 달랐다. 원래는 건축학회 이사진과 건축가들이 단합하고 김윤기가 있던 교통부가 특별 지원을 해서 만든 설계사무소였다. 설립 목적은 한국전쟁으로 폐허가 된 도시를 빠르게 복구하는 것이었다. 그런데 몇 개월 지나 이천승과 김정수의 설계사무소처럼 되자 창립 멤버들은 설립 취지가 바뀌었다며 나가버렸다. 어쨌든 종합건축연구소의 종합적인 시스템은 당시로서는 획기적인 운영 방식으로, 설계조직을 한 단계 높이는 역할을 했다.[55]

덮어둔 옛이야기는 전문가의 사회적 책임감과 윤리의식에 관한 문제였다. 당시 그 문제는 '가뜩이나 좁은 건축 바닥에서 남사스럽게' 식으로 쉬쉬되다가 어물쩍 넘어갔다. 그런데 이 문제를 꼬집었던 사람들도 이천승의 능력에 대해서는 이견이 없었다. 경성고공을 전교 수석으로 졸업하고, 들어가기가 하늘의 별따기라던 만철에 합격한 사람답게 공식적으로 알려진 그의 이미지는 드라마 주연급이다.

비상한 머리와 문제 해결 능력, 혀를 내두를 정도로 뛰어난 수완, 설계만이 아니라 구조에도 능통했던 실력, 투철한 모더니스트, 활달한 성격에 댄디즘 스타일의 멋쟁이, 목표에 대한 강한 집념, 하늘을 찌르는 우월감, 새로운 것에 대한 편집증적 집착은 주연급 중에서도 최고를 연상시킨다. 모던 보이의 멋과 욕망으로 번쩍대는 그림이 절로 그려진다.

여느 건축가들과 달리 만철과 도시계획에 먼저 도전했듯이 이천승은 어떤 식으로든 다른 건축가보다 한 뼘 더 높이 한 발 더 앞서 나갔다. 살아생전 이천승은 스스로를 이렇게 평가했다.

> (이천승) 선생은 10년 내외의 기간을 한 주기로 하여 한국 건축계를 이끈 건축계 리더들로는 한국 최초의 건축가 박길룡—한국의 현대건축가 이천승—한국의 현대건축작가 김중업—한국의 국제건축가 김수근으로 이어져 있다고 회고하였으며, 선생 자신이 한국 건축계를 위해 공헌한 많은 역할에 대해 큰 자부심을 갖고 있었다.[56]

역시 이천승답다. 그런데 오늘날 박길룡, 김중업, 김수근만큼 그를 기억하는 사람은 아마 없을 것이다. 어느 원로 건축가의 말처럼 재주는 뛰어났지만 걸작이 없어서인지도 모른다. 어쩌면 그의 재주가 시대의 늪에 빠져 허우적거리거나 빙판에서 미끄러져보지 않고 시대의 표면 위를 매끄럽게 잘 빠져나갔기 때문은 아닐까. 시대상은 보여도 시대의식이 보이지 않는 삶은 오래 기억되지 않는다.

9장
·
시인 이전에 건축가, 이상 혹은 김해경

이상

•

1910~1937

본명은 김해경으로 서울에서 태어났다. 1921년 누상동에 있는 신명학교를 거쳐 1926년 동광학교, 1929년 경성고등공업학교 건축과를 졸업했다. 그해 총독부 내무국 건축과 기사로 근무하면서 조선건축회지 〈조선과 건축〉 표지도안 현상모집에 당선되기도 했다. 1933년 스물네 살의 나이에 폐결핵으로 총독부 건축기수 자리에서 사임한 이상은 1937년 도쿄에서 사망할 때까지 파란만장한 삶을 살았다. 1926년 경성고공에 입학해 1933년 총독부를 사직하기까지 7년 동안 이상의 삶을 뒷받침한 것은 건축이었다. 시와 그림을 갈구하던 그가 섭취하던 자양분도 건축이었다. 〈이상한 가역반응〉 〈▽의 유희〉 〈조감도〉 〈삼차각설계도〉 〈건축무한육면각체〉 같은 시의 제목도, 기호와 숫자, 수학 수식을 사용한 시의 형식도, 상대성원리와 공간적 상상력을 다룬 시의 내용도 이상이 건축에 몸담고 있던 시절에서 기인했다.

"이 녀석들! 그만 졸고 똑바로 들어. 이게 시험에 나올지 어떻게 알아?"

"어? 이게 시야? 띄어쓰기가 왜 이래?"

"이 시인, 천재 티 너무 내는 거 아냐? 이걸 누가 이해하겠어?"

"그래도 기억하기는 쉽겠네. 숫자만 바꾸면 되잖아."

"아까 본 소설 제목은 날개, 시 제목은…. 이 한자가…. 새지?"

"점이 하나 없잖아. 새가 아니라 까마귀. 까마귀가 하늘에서 내려다보는 그림."

"킥킥, 시인이 새를 너무 좋아했나? 나는 까마귀도 싫고, 날개는 뭐…. 치킨 날개가 최고지."

"잡담은 그만! 이건 그 시대 최고의 모더니스트가 쓴 실험적인 아방가르드 시인데, 조용히! 거기, 그래, 너, 내가 방금 뭐라고 했어?"

"아방…."

"아방, 뭐? 똑바로 말해봐."

"아방, 궁?"

그 순간, 말만 한 여고생들의 말 많은 교실에 웃음 폭탄이 터졌다. 눅진한 오후의 졸음을 한 방에 날려버린 시는 이랬다.

13인의아해가도로로질주하오.
(길은막다른골목길이적당하오.)

제1의아해가무섭다고그리오.
제2의아해도무섭다고그리오.
제3의아해도무섭다고그리오.
제4의아해도무섭다고그리오.
제5의아해도무섭다고그리오.
제6의아해도무섭다고그리오.
제7의아해도무섭다고그리오.
제8의아해도무섭다고그리오.
제9의아해도무섭다고그리오.
제10의아해도무섭다고그리오.

제11의아해가무섭다고그리오.
제12의아해도무섭다고그리오.

제13의아해도무섭다고그리오.

13인의아해는무서운아해와무서워하는아해와그렇게뿐이모였소.

(다른사정은없는것이차라리나았소.)

그중에1인의아해가무서운아해라도좋소.

그중에2인의아해가무서운아해라도좋소.

그중에2인의아해가무서워하는아해라도좋소.

그중에1인의아해가무서워하는아해라도좋소.

(길은뚫린골목이라도적당하오.)

13인의아해가도로로질주하지아니하여도좋소.

　　이상의 〈오감도烏瞰圖〉 제1호다. 여고생들의 불만 어린 평가는 차라리 귀여웠다. 1934년 〈조선중앙일보〉에 이 시가 연재되자마자 독자들의 항의가 빗발쳤다. "개수작" "미친놈의 잠꼬대"는 기본이었다. "당장신문사로 가서 원고를 불살라야 한다!" "작가를 죽여야 한다!" 이런 소리까지 나오자 신문사 내부에서도 분란이 일어났다. 결국 원래 계획의 반밖에 못 채우고 15회 만에 연재는 중단되고 말았다.

　　문법도 띄어쓰기도 해석도 안 되는, 숫자와 기호로 엮인 시와 초현실주의 소설마다 '난해'라는 딱지가 붙었다. 작품만 어지럽도록 어려운 것이 아니었다. 개인사는 잔인할 정도로 드라마틱했다. 백부의 양자, 기생 금홍과 다방 제비, 훗날 화가 김환기의 아내가 된 변동림과 짧은 결혼 생활, 폐결핵, 각혈, 무엇보다 26년 7개월이라는 짧은 생애…. 그의 삶과 작품 모두 살아서는 몰이해, 죽어서는 신화가 되기에 딱 좋았다. 신화가 된 천재는 소설, 영화, 연극의 주인공이 되거나 모티프 역할을 했다.

연극 〈오감도〉(1996년)와 〈이상의 이상과 이상〉(1996년), 영화 〈금홍아 금홍아〉(1995년)와 〈건축무한육면각체의 비밀〉(1999년), 표성흠의 소설 《친구의 초상》(1992년)과 김연수의 소설 《꾿빠이 이상》(2001년) 그리고 '이상문학상'까지. 문제적 작가답게 이상은 여러 장르에서 여러 방식으로 해석되었다. '날개 잃은 천재' '박제된 천재'는 오히려 평범한 수식어였다. 트라우마, 억압된 리비도, 성도착증과 같은 개념이 분석의 메스가 되었다. 시에 들어간 숫자는 등비수열로 해석되었고, 숫자가 배치된 이미지는 디지털 코드나 추상화로 설명되었다. 기하학, 상대성이론과 양자역학까지 거론되었다.

해석은 다양해도 공통분모가 있었다. 바로 이상은 모더니스트라는 것. 그냥 모더니스트가 아니라 최초의, 최고의, 첨예한 모더니스트였다는 것. 그래서 이상은 근대사를 다루는 사람들에게 탐나는 존재다. 근대라는 시기에 절실했으나 부족했던 '근대성'을 이상을 통해 만회하고 싶기 때문이다.

근대건축 연구자에게도 이상은 그런 존재다. 세상에 나와 돌연변이 시인 취급을 받기 전까지 이상은 '멀쩡한' 건축가였다. 박길룡, 박동진, 김세연이 다녔던 경성고등공업학교 건축과를 나왔고, 그들처럼 졸업 뒤에는 총독부에서 건축기수로 일했다. 다른 점이라면 건축과를 수석으로 졸업하고 건축 일을 하면서도 그림, 시, 소설을 썼다는 것이다. '멀쩡한' 정도가 아니라 '다재다능'했다.

이상은 어린 시절부터 그림을 좋아하고 잘 그렸다. 열다섯 살 때 그린 유화 〈풍경〉은 보성고등보통학교 교내 미술전람회에서 수상을 하기도 했다. 그때 미술 교사는 화가 고희동이었다. 이상은 미술을 전공하고 싶었다. 하지만 그를 키웠던 백부가 반대했다. 결국 '세태가 아무리 바뀌어도 기술자는 배를 곯지 않는다'라는 백부의 권유대로 경성고등공업학교 건축과에 진학했다.

그 시절 건축을 제대로 알고 건축과에 온 사람이 몇 명이나 있었을까? 이상의 백부처럼 미래에 대한 막연한 기대치가 곧 절대치가 되었다. 이상처럼 그림을 좋아했던 학생이라면 선배나 교사의 권유로 건축을 선택했다. '딱히 그림은 아니지만 그림 같은 것을 그리면서 기술도 배우고 돈도 벌 수 있다'는 식의 설명을 듣고 나서 말이다. 1926년 이상이 입학하던 해에 졸업했던 박동진도 그랬다.

> 내가 평소에 좋아하던 것이 미술 방면이고 또 이런 기술 전공이 시대적 요청이라고들 하면서 건축과에 입학해서 공부해보라고 권하는 것이었다. … 그러나 건축이란 도대체 어떤 것인가, 건축과를 졸업하면 무엇이 된다든가 하는 등등은 본시 알지도 못했고 다만 막연하게 이

공부를 하면 장래 집을 짓는 데 공인工人이 된다는 정도의 막연한 추측뿐이었다. 다만 한 가지 내가 건축과를 지망했던 유일한 이유로는 중학 시절에 배웠던 역사에서 미켈란젤로도 미술가인 동시에 위대한 건축가라는 것을 기억한 데서였다. 그러나 건축가가 되어서 모든 건물을 설계도 하고 시공에 참여한다는 등의 지식은 전연 없었다.[57]

이상은 경성고등공업학교에 입학한 뒤 미술부에 들어갔고, 학교 회람지의 표지를 그리고 편집을 했다. 본명인 김해경 대신 이상李箱이라는 필명을 처음 쓴 것도 경성고공 졸업앨범에서였다.

경성고공에서 3년 동안 배운 과목은 조행, 수신, 체조, 국어·조선어, 영어, 수학, 물리학, 응용역학, 건축재료, 건축구조, 건축사, 자재화(自在畫, 프리핸드 드로잉), 제도 및 실습, 철근콘크리트, 철골, 건축계획, 건축장식법, 측량학, 위생공학, 시공법, 공업경제, 공업법령 등이었다.[58] 졸업 작품은 '수상 경찰서 겸 소방서 설계안'인데 자료는 남아 있지 않다.

총독부에 취직해서는 〈조선과 건축〉 표지 디자인 현상공모에 응모했다. 이상의 응모작은 독특한 글씨체와 건축도면을 활용한 기하학적 디자인이 돋보였다. 이상은 40점의 응모작 중에서 1등과 3등을 차지했고, 1등한 디자인은 일 년간 〈조선과 건축〉 표지로 사용되었다.

동료 건축가들이 설계한 건물이 〈조선과 건축〉에 소개될 때 이상은 시를 발표했다. 총독부에 근무하는 조선인 건축가들이 퇴근 후 건축 부업을 할 때 이상은 소설을 쓰고 그림을 그렸다.

이상이 디자인한 〈조선과 건축〉 표지.

김세연이 구조계산한 미쓰코시백화점이 준공되었을 때 이상은 의주통 공사 현장에서 썼던 첫 장편소설 〈12월 12일〉을 잡지 〈조선〉에 연재했다. 박길룡이 설계한 경성제국대학 본관이 완공되었을 때 이상은 일본어로 쓴 시 〈이상한 가역반응〉과 〈조감도〉를 〈조선과 건축〉에 발표했다. 같은 해 '자상自像'을 그려 제10회 조선미술전람회에서 입선도 했다.

1933년 이상은 스물네 살의 나이에 폐결핵으로 총독부 건축기수 자리에서 사직했다. 1926년 경성고공 입학에서부터 1933년 총독부에서 사직하기까지 7년 동안 이상의 삶을 뒷받침한 것은 건축이었다. 시와 그림을 갈구하던 그가 섭취하던 자양분도 건축이었다.

〈이상한 가역반응〉〈▽의 유희〉〈조감도〉〈삼차각설계도〉〈건축무한 육면각체〉 같은 시의 제목도, 기호와 숫자, 수학 수식을 사용한 시의 형식도, 상대성원리와 공간적 상상력을 다룬 시의 내용도 이상이 건축에 몸담고 있던 시절에서 기인했다. 문예지가 아닌 건축잡지에 실린 시들은 대단한 관심도 질타도 받지 않았지만 그의 생활은 안정적이었다. 마치 태풍 전야의 고요함처럼.

이상에게 건축과 문학의 공존은 딱 거기까지였다. 1933년 건축계를 떠나 1937년 도쿄에서 사망할 때까지 4년간의 삶은 일탈과 기행으로 파란만장했다. 건축잡지가 아닌 대중 신문에 드러난 그의 시들은 돌팔매를 맞았고, 그는 이단아 취급을 받았다. 그러나 이상의 본격적인 문학 활동은 짧지만 강렬했다. 극과 극의 비평을 받는 가운데 그는 이상

다운 이상이 되었다. 대신 건축적인 아이디어나 시어는 사라져갔다.

근대건축 연구자라면 이 대목이 가장 아쉬울 만하다. 만약 이상이 건축을 계속했더라면 어땠을까? 그래서 독자적인 설계를 하고 작품을 남겼다면? 그의 시에 나타난 근대성이 조형으로 표현되고 건축 공간으로 발전했다면? 그것까지는 아니더라도 이상이 직접 건축에 관한 글을 썼더라면? 백번 양보해 건축가들과 교류가 있었더라면… 그랬다면 당대 건축가들이 인식했던 물질문명의 근대를 넘어서는 건축이 나오지 않았을까. 그랬다면 한국의 근대건축가를 두고 "그래봤자 근대를 살았던 건축가밖에 더 되겠어?"라는 자조 섞인 말은 덜 나오지 않았을까.

1936년 10월, 이상은 탈출구를 찾아 일본으로 떠났다. 그가 도쿄에서 얻은 것은 환멸이었고 잃은 것은 건강이었다. 1937년 2월, 이상은 일본 경찰에게 불령선인으로 체포되어 옥살이를 하다가 병보석으로 겨우 풀려났다. 그리고 1937년 4월 17일, 이상은 동경제국대학 부속병원에서 사망했다. 그의 유해는 화장되어 귀환했고 미아리 공동묘지에 묻혔다. 그러나 한국전쟁 뒤 공동묘지가 사라지면서 유해마저 유실되었다.

문학가 김기림은 이상의 죽음으로 한국문학이 50년은 후퇴했다고 말했다. 이상이 살았을 때 김기림은 "우리가 가진 가장 뛰어난 근대파 시인"이라고 했고, 이상이 죽은 다음에는 "우리가 가졌던 황홀한 천재"라고 불렀다.

그 시절의 건축가는 이상을 어떻게 생각했을까? 건축가 이광노는 이상이 경성고공을 다니던 1928년에 태어났고, 1945년에 경성공업전문학교(경성고등공업학교 후신) 건축과에 입학했다. 이상을 알지 못했던 이광노는 해방 후에 책을 읽다가 우연히 이상을 발견했다. 그는 반가운 마음에 건축구조 교수인 이균상에게 물어봤다.

"선생님, 우리 선배 중에 문학가가 계시네요, 시인이신데 이상이란 분입니다."

이상의 경성고등공업학교 건축과 4년 선배이기도 했던 이균상은 어떤 대답을 했을까.

"어, 이상이? 너 그 사람 닮으면 안 된다. 그놈 타락한 놈이야."[59]

문득 이런 의문이 든다. 경성고등공업학교 건축과와 총독부 건축조직에 이상의 친구가 있었을까? 역시, 근대라는 시기를 사는 것과 근대성을 추구하는 것은 다른가 보다.

오래전 〈오감도〉와 〈날개〉를 읽었을 때 왜 아이들이 열세 명인지, 왜 그렇게 질주하는지, 왜 막다른 골목길이었다가 뚫린 골목이라도 적당한지, 무서운 아이와 무서워하는 아이가 도대체 몇 명이고 왜 무서운 것인지, 그런 설명보다 먼저 확 다가온 이미지가 있었다.

높다란 담이 죽 이어진 좁은 골목이었다. 톱날 같은 불안이 작고 단단한 회오리바람처럼 사방을 할퀴며 쌩쌩 달리고 있었다. 불안이 지나간 담벼락에는 무섭도록 외롭고 절망스러운 기운이 새어나왔다.

이상이 살았던 집터에 들어선 통인동 '이상의 집'.

이상이 세상을 떠난 지 80여 년이 흐른 오늘날, 또 문득 이런 생각이 든다. 그동안 해방이 되었고 한강의 기적을 이루었으며, G20과 OECD 회원국이 되었고 GDP는 세계 11위라는데, 그 옛날 이상의 숨통을 옥죄던 식민지는 정말 사라진 것일까.

여성이라는 식민지, 비정규직이라는 식민지, 흙수저라는 식민지⋯. 여느 분야와 마찬가지로 건축계에도 그런 식민지들이 존재한다. 갈수록 새로운 식민지가 생겨나는 '오감도'의 현실에서, 그래도 불끈 힘주어 쥐고 싶은 이상의 글 한 대목.

> 날개야 다시 돋아라.
>
> 날자 날자 날자. 한 번만 더 날자꾸나.
>
> 한 번만 더 날아보자꾸나.[60]

그런데 이 시대에 그냥 날아서만 될까. 날더라도 남들 따라 날지 말고 자신의 방향을 찾아 날자꾸나. 그렇게 날았다 해도 때로는 방향을 과감히 바꾸어 날자꾸나. 약한 날개일수록 혼자 날지 말고 연대해서 날아보자꾸나⋯.

10장

•

우리말 건축용어를 찾아서, 장기인

장기인
●
1916~2006

평안북도 의주에서 태어났다. 1938년 경성고등공업학교 건축과를 졸업하고,
곧이어 경성부청 영선과에 들어갔다. 그리고 얼마 뒤 조선공영주식회사로 자리
를 옮겼는데, 그곳에서 도시형 한옥 건축에 참여하면서 전통건축에 관심을 갖
게 되었다. 해방 뒤에는 우리말 건축용어 정리에 평생을 바쳤다. 1958년 대한건
축학회에서 처음 발간한 우리말 《건축 용어집》 저자였고, 1983년에는 건축 현
장에서 사용되는 일본식 용어를 바로잡으려고 《올바른 건설현장 용어》를 발행
했다. 1985년에는 그동안의 성과물을 모아 《한국건축사전》을 펴냈다.
장기인은 전통건축 실측과 복원설계에서 많은 업적을 남겼다. 한국은행 본관
복구설계 감리, 한양물산 사옥, 탑골공원 삼일문, 공주감영 보수공사, 칠백의총
보수정화공사, 법주사 원통보전 보수공사, 경주사적지 종합조경공사, 광화문
복원공사, 전통 한옥 형태로 설계한 호암미술관 들이 대표 업적이다.

"그 현장 공구리 언제 친대?"

"화장실 전개도 그릴 때 타일 와리 잘 나눠서 해라."

"이런, 모형 와꾸가 안 맞잖아!"

내가 대학을 막 졸업하고 설계사무소에 취직했을 때였다. '이제 프로의 세계에 들어왔다!' 하고 잔뜩 긴장하고 있는데, 직장 상사가 툭툭 내뱉는 말은 공구리, 와리, 와꾸…. 어리둥절해하던 내게 옆에서 슬쩍 건네주는 말, "현장 갔다 온 티 내는 거야." 그제야 픽, 웃음이 나왔다.

낯선 환경이 실감날 때는 낯익은 학교 설계실이 영화 장면처럼 떠올랐다. 설계실 제도판에서 우리들은 배치도, 입면도, 단면도, 이런 단어들을 놔두고 굳이 사이트플랜, 엘리베이션, 섹션이 어쩌고저쩌고했다. 간혹 프랑스어도 끼어들었는데, 뭣도 모르면서 에스키스니 데스빠스니 흉내를 냈다. 허영심도 있었고 답답한 현실에 대한 도피 심리도 있었다.

설계실에서 서태지 음악을 빵빵하게 틀어놓고 며칠씩 밤샘 작업을 할 때는 반전이 일어났다. 마감 시간에 쫓기고 체력이 떨어질 때는 외국어도 무겁고 귀찮아졌다. 새삼스레 우리말이 집밥처럼 절로 입에 착착 감겼다.

그때쯤 복학생 선배가 입담을 과시하며 축 처진 분위기를 띄웠다. 물론 군대에서 했던 족구 이야기는 아니었다. 제대 후 복학하기까지 몇 달간 해본 공사 현장 아르바이트 경험담이었다. 공사장에서 일어나는 별별 에피소드에 현장 인부들의 걸쭉한 은어가 전문 용어로 둔갑했다. 거기에 약간의 허세와 과장까지 얹으면 우리들은 눈물까지 찔끔거리며 웃곤 했다. 그러다 눈치 없는 동기 하나가 불쑥 끼어들었다.

"난 졸업하면 건설회사에서 딱 10년만 일할 거야. 그렇게 번 돈으로 카페를 차릴 거야. 카페 이름도 정해놨어. 엑소노메트릭(axonometric, 대상을 입체적으로 그리는 방법 중 하나)이라고."

느닷없이 카페를 차린다고 해서가 아니었다. 설계실 분위기가 이미 현실로 돌아선 마당에 먼 나라 언어 '엑소노메트릭'이 거슬렸다.

"뭐? 엑.소.노.메.트.릭? 혓바닥에 깁스할 일 있나. 아나, 차라리 거푸집이라고 해라."

아니나 다를까 누군가가 이렇게 받아쳤다. 다들 배꼽이 빠지도록 웃어댔다. 하지만 해방 직후 어느 건축가에게는 결코 웃을 수 없는 일이었다.

1945년 해방이 되자 건축가 장기인은 감격으로 날아오를 듯했다. 그런데 시간이 흐르면서 점점 혼란스러웠다. 분명 나라를 찾았는데 정작 우리 것은 어디에 있나 싶었기 때문이다. 일상에서 수시로 일본어가 튀어나왔다. 직장에서 사용하는 건축용어는 죄다 일본어였다. '아직도 일본 현장인가?' 그 변화 없음에 문득 해방이 오긴 온 걸까 헷갈렸다.

1916년에 태어난 장기인은 그때까지 일제가 없는 세상에서 살아본 적이 없었다. 그가 건축 교육을 받은 곳도 경성고등공업학교였다. 가르치는 사람도 일본인, 배우는 사람도 대부분 일본인, 배우는 내용도 일본에 이식된 서양 근대건축…. 모두 일제의 관립학교다웠다. 졸업 후 학교 소개로 처음 취직한 곳도 경성부청이었다.

"이제 해방이 되고 주권을 찾았는데 일본어로만 된 건축용어를 어떻게 할 것인가?" 어느 동료의 지적에 장기인은 결심했다. '우리말로 된 건축용어를 만들자!' 그는 먼저 일본건축학회에서 펴낸《건축용어집》을 번안하려 했다. 조선어 사전을 훑으며 건축 관련 용어들을 추려냈다. 그런데 복병은 엉뚱한 곳에서 튀어나왔다. 건축용어를 정리하는 것보다 우리말에 대한 지식과 감각이 더 문제였던 것이다. 일제강점기에 우리말은 사용이 금지되었고, 장기인은 그런 환경에서 교육을 받고 성장했다. 소설가 박완서는 해방 전과 후 우리말 사용에 대해 이렇게 말했다.

입학하자마자 조선말은 한 마디도 못 쓰게 하고 눈에 보이는 사물과

행동을 일본말로 반복해서 주입시켰다. 모든 사물이 거듭 태어났다. … 학교에서 조선말을 가르치지 않았기 때문에 한글을 읽고 쓸 줄 아는 내 또래는 아주 드물었다.

…

달라진 건 아무것도 없었다. 일본인 교장 선생님과 선생님들이 안 보이는 건 당연했지만 일본어를 가르치던 국어 선생님이 그냥 우리말의 국어 선생님으로 눌러앉아 있는 건 잘 이해가 안 됐다. … 고등학교 이학년짜리가 가갸거겨부터 배우느라 법석이었다. 선생님들한테 야단을 맞아가면서도 어려운 의사소통은 으레 일본말이 튀어나왔고 교과서 외의 읽을거리는 거의 일본의 소설류 아니면 일본말로 된 번역물이었다.[61]

서른 살의 장기인도 초등학교와 중학교 국어 교과서를 보면서 다시 한글을 익혔다. 원래는 쉽게 쓸 만한 건축용어를 찾으려고 들춰본 책이었다. 그러다 한글 공부가 되었다. 한글 맞춤법을 꼼꼼히 살피고, 동의어, 유사어, 동음어도 정리했다. 표준어만이 아니라 방언과 준말도 조사했다. 이해하기 쉽고 기억하기 좋은 발음과 어감까지 확인했다. 걸핏하면 전기가 나가던 시절, 장기인은 촛불을 켜고 온갖 사전과 씨름했다. 한글, 일어, 영어, 한자 사전을 펼쳐놓고 금을 캐듯 단어들을 캐냈다.[62]

장애물은 더 있었다. 한국과 중국, 일본에서 사용하는 한자가 달랐다. 중국에 없는 한국 한자와 일본 한자가 있고, 같은 한자라도 다른 뜻으로 쓰이는 것도 있었다. 일본어 한문을 그대로 한글 음으로 발음하는 것도 많았다. 한문으로 표기하는 것을 유식하고 점잖다고 여겨 한글 표기를 기피하던 시절이었다.

일본을 통해 들어온 근대건축 용어도 문제였다. 그것은 어딘가에 흩어져 있는 우리말을 찾아내는 일이 아니었다. '건축'이라는 단어부터 그랬다. 원래 한국과 중국은 '건축'이란 말 대신 영건營建이나 조영造營을 사용했다. '건축'은 일본이 1880년대에 서양 건축을 들여오면서 'architecture'를 번역한 용어였다. 그전에는 '조가'로 번역했는데, 일본 조가학회造家學會가 1897년 건축학회로 개칭되면서부터 공식적으로 '건축'이라 부르기 시작한 것이다.

더 중요한 것은 전통건축 용어였다. 그게 없으면 우리말 건축용어가 제대로 성립될 수 없었다. 그런데 장기인은 일제의 관립학교 경성고등공업학교 출신이었다. 그곳에서 조선의 전통건축을 어떻게 가르쳤을까? 1932년에 졸업한 이천승과 1938년에 졸업한 장기인은 이렇게 말했다.

우리가 배우기는 일본인들에 의해 건축을 배웠잖아요. 해서 우리같이 늙은 사람들은 사실 우리의 것을 잘 몰라요. 심하게 말하면 우리의 것을 안다는 것은 거짓말입니다. 다만 아는 척할 뿐이지요. 따라서 우리가 전통의 맥을 찾아 후배들에게 넘겨줄 수는 없다고 봐요. 우리의 전

建築術語制定報告 (第二回)

建築術語制定委員會

建築構造施工關係編 (其二) (番號는 日本建築學會編建築術語集의 番號)

番號	制定術語	英 語	漢目	備 考
864	창배돌(窓臺石)	Stone sill	窓台石	
865	문지방돌(門脣礎石)	Door-stop	雷摺石	一名 문지돌
866	보받침돌(梁受石)	Template, Bearing plate	梁受石	
867	장귀돌(長隅石)		隅石	
869	귓돌(隅石)	Quoin, Corner stone	隅石	
870	재받이돌(灰受石)	Hearth stone	灰受石	
871	구멍돌		眼鏡石	
872	사춤줄		駒肘	
873	뒤퉁줄		共洞	
874	속임돌	Back fillnig, Backing	裏込	
875	줄눈(條目)	Masonry joint	目地	
876	가로줄눈(橫條目)	Horizontal joint	橫目地	
877	세로줄눈(縱條目)	Vertical joint	竪目地	
878	통줄눈(通條目)	Straight joint	芋目地	
879	엇선줄눈(窩條目)	Breaking joint	破目地	
880	실눈(糸目)		眼目地	
881	치레줄눈	Pointed joint	化粧目地	
—	구들			一名 온돌
—	쇠구들			ㅁ매가 막힌 구들
—	아궁이			불을 때는 아구리
—	함실			부뚜막 없는 아궁이
—	부뚜막			솥을 거는데
—	봇돌			아궁이 양편에 세워 이마돌을 받치는 돌
—	방고래			구들밑에 연기가 통하는 길
—	선자고래			방고래가 붓채살 형상으로 된것
—	버자리			
—	부넘기			아궁이쪽 벽밑을 조금 돋게 쌓어서 때는 불길이 고래로 들어가게 하는곳
—	볼록			방터 아궁목쪽
—	오막이			줄방성 가장자리를 돋은것
—	하방밑(下枋底)			벽이 방에 접하는 부분
—	검돌			구들장 고이는 작은 돌
882	비껴홍예(斜虹蜺)	Skew arch	斜□一지	
883	역홍예(逆虹蜺)	Inverted arch	逆□一지	
884	결방이홍예	Relieving arch	荷除하□집	

(7)

통을 배운 게 없으니까요. 그래서 후배들이 전통의 뿌리를 찾아 연구하고 검토해서 전통을 만들어야 합니다.[63]

제일 난감한 것이 당시 건축인들은 일제시대에 전부 일본 고건축을 배웠어요. 그건 누구나 다 배우는 것이었어요. 일본 고건축은 알면서도 한국 고건축은 어떻게 된 것인지 모르니까….[64]

학교에서 안 배우기도 했겠지만 딱히 알 필요가 없어서 더 몰랐을 것이다. 박길룡, 박동진, 김윤기의 재래주택 개량론에서 풍기듯 경성고공 출신 건축가들은 전통건축을 퇴보의 상징쯤으로 여겼다. 이래저래 따져보면 장기인은 아무래도 우리말 건축용어를 맡을 적격자가 아닌 듯하다.

그런데 장기인에게는 의외의 경력이 있었다. 장기인이 경성부청 영선과에 들어간 지 일 년이 채 안 되었을 무렵 느닷없이 직장을 조선공영주식회사로 옮기게 되었다. 자발적인 이직이 아니었다. 장기인의 표현대로라면 경성부청에서 떠밀려간 이직이었다.

조선공영주식회사는 1939년 친일파 한상룡이 일본인과 합작해 세운 건설업체였다.[65] 그곳 설계부 건축과에서 장기인이 새로 맡은 일은 도시형 한옥이었다. 도시형 한옥은 1930년대에 한창 개발되던 주거 형식이었다. 경성의 주택난으로 수요가 급증하자 여러 업체가 생겨났는데, 조선공영주식회사도 그중 하나였다. 도시형 한옥 지역은 점점 넓어

져서 돈암동, 보문동, 안암동에도 대규모로 건설되었다.

위기가 기회라고 하듯 떠밀려왔다던 조선공영주식회사에서 장기인은 건축 인생의 전환점을 맞이했다. 도시형 한옥을 통해 경성고공에서 배운 적 없는 조선의 전통건축을 알게 되었기 때문이다. 한옥 건축 현장에서 보고 들은 온갖 정보와 전통건축 장인과 맺은 인연은 다른 경성고등공업학교 출신자들이 가질 수 없는 자산이었다. 그 자산은 해방 뒤에 진가를 톡톡히 발휘했다.

> 이 일은 내가 과거 한식건축을 해보았기에, 한식 목수, 한식 미장공, 한식 기와공들과 일제 때 근 10년간 배워왔기에 이들을 찾아보고 또 만나는 대로 나의 뜻을 알렸더니 어떤 이는 일부러 찾아주어 모르던 낱말들도 가르쳐주는 고마움도 많았다.[66]

장기인은 직장 동료를 통해 빌린 《화성성역의궤華城城役儀軌》를 처음 보았을 때 삽도의 정교함과 해설의 정밀함에 압도되었다. 대목장 조원재에게 다 배우지 못한 것을 두고두고 아쉬워했다. 그만큼 장기인의 전통건축에 대한 안목과 애정은 다른 근대건축가와 달랐다. 그가 도시형 한옥을 경험하지 않았다면 그게 가능했을까. 어쩌면 건축용어를 정리하려는 생각조차 못했을 것이다.

우리말 건축용어 정리를 장기인 혼자서만 한 것은 아니었다. 해방 공간에서 만들어진 건축단체가 건축용어 제정위원회와 편집위원회를

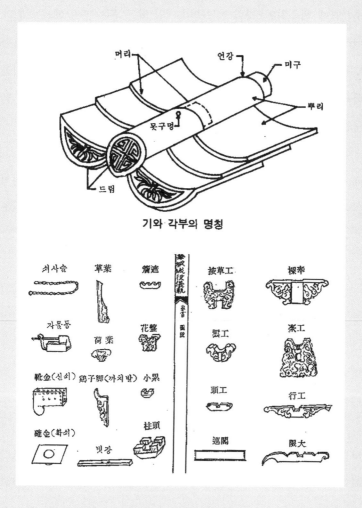

기와 각부의 명칭

장기인이 정리한 건축용어 삽도들.

조직하고 지원한 사업이었다. 장기인이 수집한 용어들을 정리해서 건축학회에 제출하면, 학회 회원들이 매일 퇴근 후에 모여 심의를 했다. 여러 차례 심의를 거쳐 내용이 결정되면 전 회원에게 배포하고 다시 검토를 받았다. 그런 과정을 통해 모인 5000여 단어 가운데 3000단어를 골라 해설과 그림을 덧붙여 편집을 끝내고 출판하려던 차에 그만 한국전쟁이 터졌다.

이번에는 원고 사수 작전이 펼쳐졌다. 처음에는 원고와 자료를 땅속에 묻어두다가 1·4후퇴 때 부산으로 보내 경성고공 동기인 신무성이 맡아 보관했다. 서울 수복 후 다시 수정을 거쳐 대한건축학회가 건축용어집을 발간한 해는 1958년이었다. 우리말 용어집이 나오기까지 그렇게 많은 우여곡절과 여러 사람의 협력이 있었다.[67]

그 후 장기인은 우리말 건축용어 찾기를 평생 이어갔다. 그가 최고로 치는 용어는 순우리말이었지만, 그것 못지않게 중요한 기준이 있었다. 바로 누구나 이해하고 기억하고 표현하기 쉬운 생활언어였고, 시대의 변천과 상응하는 말이었다. 그래서 일반인에게 통용되는 한문과 외래어 표현도 함부로 버릴 수 없다고 했다.

1983년에는 건축 공사 현장에서 허다하게 사용되는 일본식 용어를 바로잡으려고《올바른 건설현장 용어》를 발행했다. 1985년에는 그동안의 성과물을 모아《한국건축사전》을 펴냈고, 그 후에도 계속 증보판을 냈다.

장기인은 용어가 지식이고 사상이라고 믿었다. 건축용어는 설계, 시공, 구조, 설비, 재료, 법규, 전통건축 등을 모두 포함한다. 그만큼 여러 분야의 건축 지식을 섭렵하게 된다. 실제로 장기인은 건축용어집을 출간한 이후 건축구조학, 건축시공학, 건축적산학 같은 대학교재도 편찬했다. 그때가 1960년대로 여러 대학에 건축학과가 신설되고 있었지만 변변한 교재가 부족하던 시절이었다. 그가 쓴 교재는 당시 건축과 학생이라면 누구나 한 번쯤 봤던 교과서였다.

장기인이 전통건축 전문가가 된 것은 자연스러운 일이었다. 특히 전통건축 실측과 복원 설계에서 많은 업적을 남겼다. 한국은행 본관 복구설계 감리, 한양물산 사옥, 탑골공원 삼일문, 공주감영 보수공사, 칠백의총 보수정화공사, 법주사 원통보전 보수공사, 경주사적지 종합조경공사, 광화문 복원공사, 전통 한옥 형태로 설계한 호암미술관 들이 대표 업적이다.

우리말 건축용어집을 만들겠다고 결심한 지 30년 뒤 회갑의 나이에 장기인은 또다른 도전을 시작했다. 바로《한국건축대계》집필이었다. 창호, 벽돌, 단청, 용어, 목조, 기와, 석조, 재료 등 총 8권의 책은 아직도 문화재 수리 기술자들의 필독서로 꼽힌다.

따지고 보면 장기인이 걸었던 길은 근대건축가치고는 비주류의 길이었다. 경성고등공업학교 동창들이 총독부나 철도국에서 서양풍 관공서를 만들 때 장기인은 조선공영주식회사에서 조선인이 사는 도시형 한옥을 지었다. 총독부나 철도국이나 조선공영주식회사나 일제의 손

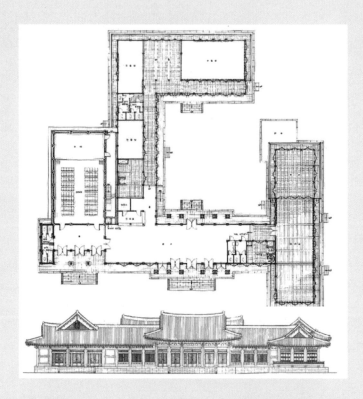

장기인이 설계한 필동 '한국의 집'.

'한국의 집'은 대목장 신응수가 맡아 지었다.

안에 있기는 마찬가지였지만, 그곳에서 짓는 건축의 용도나 사용자 그리고 영향력은 각기 달랐다. 지금이야 북촌 한옥이 각광을 받지만, 당시 잘 나가던 선배 건축가들은 '집장사'니 '업자'니 하며 낮게 보았다.

해방 뒤에 다들 미군 관련 공사나 토건업을 할 때 장기인은 우리말 건축용어에 매달렸다. 또 동료 건축가들이 대학교수가 될 때 그는 실무를 놓지 않고 건축 교재를 만들었다. 경제개발 시기에 너나 할 것 없이 서구 국제주의 건축을 따라할 때는 세상을 거스르듯 전통건축을 파고들었다. 용어가 지식이라던 그는 번듯한 건축 대신 다른 사람이 건축 지식을 쌓을 수 있는 토대를 마련했다.

오래전 그의 동료들이 지었던 건물은 이미 많이 사라졌다. 그러나 장기인이 건져 올린 용어들은 아직도 살아 있다. 거푸집, 까치발, 서까래, 붙박이, 담벼락, 줄눈, 호박돌, 지게문, 너새, 들보, 졸대, 뼈대, 멧쌓기, 사춤쌓기, 반자, 장지, 쇠시리…. 그리고 장기인이 처음 사용했다던 아름답고도 넉넉한 낱말 '배흘림기둥'도.

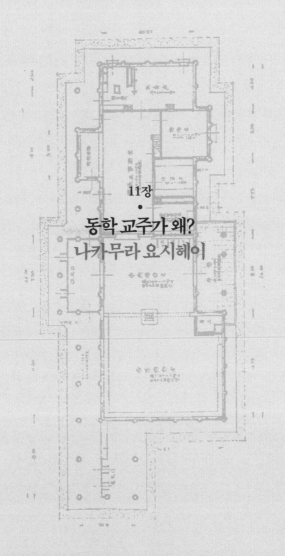

11장
·
동학 교주가 왜?
나카무라 요시헤이

나카무라
요시헤이
●
1880~1963

1880년 일본 시즈오카 현에서 태어난 그는 1905년 도쿄제국대학 건축학과를 졸업했다. 1907년 일본 건축계의 거물 다쓰노 긴고와의 인연으로 스물여덟의 나이에 조선에 왔고, 대학원 전공인 '은행 건축'을 살려 제일은행 경성지점(1911년 조선은행 본점으로 개칭) 신축공사 현장감독을 맡았다. 1912년 조선은행이 준공된 뒤에는 일본으로 귀국하지 않고 황금정(현재 을지로)에 '나카무라건축사무소'를 열었다. 초창기에는 다쓰노 긴고풍의 고전 양식을 절충한 설계를 하다가, 조선에서 고용한 안톤 펠러의 영향으로 차츰 세제션 스타일의 건축이 나타났다. 오스트리아와 독일을 중심으로 일어난 세제션 건축에 매료된 그는 개원공회당(1920년), 경성일보 본사(1920년), 조선은행 장춘지점(1920년), 경성공회당(1920년), 천도교중앙대교당(1921년), 경성은행 집회소(1921년), 호남은행 본점(1921년), 한일은행 본점(1921년), 조선은행 군산지점(1922년), 조선은행 대구지점(1922년), 호서은행 본점(1922년) 들을 설계했다.

새야새야 파랑새야

녹두밭에 앉지마라.

녹두꽃이 떨어지면

청포장수 울고간다.

7일 동안 쉬지 않고 싸웠다. 하루에도 40~50차례나 우금치 고개를 뺏고 빼앗겼다. 20만 동학군이 싸워 500여 명이 남았을 때 계곡과 마루는 동학농민군 시체로 하얗게 뒤덮였다. 산 밑 개천은 여러 날 동안 핏물이 흘렀다.[68] 전사한 남편의 영혼을 달래기 위해 농민군의 아내는 울부짖으며 불렀다. 새야새야 파랑새야….

파랑새는 서양 동화책에 나오는 행복의 파랑새가 아니었다. 동학농민군의 적인 일본군과 청나라군이었다. 녹두밭은 전봉준이 이끄는 농민군, 녹두꽃은 전봉준, 청포장수는 농민군이 승리하기를 바라는 백성이었다.

1894년의 동학농민혁명은 참담하게 실패했다. 녹두밭은 살육되었고, 녹두꽃은 처형되었으며, 청포장수는 가혹한 탄압을 받았다. 가까스로 살아남은 동학 지도자들과 2대 교주 최시형마저 체포되고 처형되었을 때 동학교단은 산산이 무너져 흩어졌다.

그때 손병희(1861~1922)가 3대 교주로 등장했다. 한때 전봉준과 연합해 우금치전투를 치렀던 그는 1905년 동학을 천도교로 개칭한 후 300만의 세력으로 성장시켰다. 1919년 3·1운동 때는 민족대표 33인 중에서 가장 주도적인 역할을 했다.

그랬던 손병희가 드디어 경성 한복판에 교당을 세웠다. 교인들의 십시일반 성금으로 지은 천도교중앙대교당은 정작 민족종교의 느낌도, 교인들의 지난한 역사도 보이지 않았다. 오히려 명동성당, 조선총독부와 함께 경성의 3대 건축물로 꼽힐 만큼 이색적인 서양식 건물로 자리매김했다. 서학이 아닌 동학이라는 민족종교, '보국안민輔國安民'과 '척왜척양斥倭斥洋'을 내세웠던 동학농민혁명을 생각하면 고개가 갸우뚱해진다.

민족성을 살린 종교건축이 없었던 것도 아니다. 근처에는 한용운이 중창한 각황사(현재 조계사)가 있었고, 순수 전통 양식이 식상했다면 전통 한옥과 바실리카 평면을 결합한 성공회강화성당도 있었다.

게다가 천도교중앙대교당을 설계한 사람은 일본인이었고 시공자는 중국인이었다. 녹두밭을 짓밟고 녹두꽃을 꺾고 청포장수를 괴롭혔던 파랑새의 나라들이었다. 동학을 천도교로 바꾼 뒤 손병희는 우금치를 하얗게 뒤덮었던 농민군의 시체를 잊었던 걸까? 살아남은 자들이 한 맺히게 불렀던 "새야새야 파랑새야"를 잊었던 걸까? 손병희는 왜 민족 종교 건축을 하필 일본인에게 맡기고 서양식으로 지었을까?

천도교중앙대교당은 일본인 건축가 나카무라 요시헤이中村與資平가 설계했다. 그는 1880년 일본 시즈오카 현 태생으로 1905년에 도쿄제 국대학 건축학과를 졸업했다. 나카무라가 스물여덟의 젊은 나이로 조 선에 온 것은 다쓰노 긴고(辰野金吾, 1854~1919)와의 인연 때문이었다. 다쓰노 긴고는 일본 건축사에서 빠질 수 없는 인물이다. 일본 건축계 의 거물들을 거슬러 올라가다 보면 그 시작점에 다쓰노 긴고가 있다. 오늘날 도쿄대학교 건축학과의 전신인 도쿄제국대학 건축학과, 그리 고 그 전신인 공부대학교 조가학과造家學科의 1회 졸업생이자 일본 최 초의 건축가였다. 조가학과를 수석으로 졸업한 다쓰노 긴고는 영국 유학을 마치고 돌아와 모교 교수가 되었다.

이토 주타伊東忠太, 나가노 우헤이지長野宇平治, 다케다 고이치武田五一, 세 키노 다다시関野貞 같은 일본 근대건축을 이끌었던 이들이 다쓰노 긴고 의 제자다. 다쓰노 긴고가 퇴임했던 도쿄제국대학 건축학과 졸업생들 은 조선과 대만, 만주로 진출해 식민지 도시를 건설했다. 한마디로 다쓰 노 긴고의 인맥은 일본 건축계의 핵심과 실세로 형성되었다.

나카무라 요시헤이는 다쓰노 긴고가 주임교수였을 때 도쿄제국대 학 건축학과에 입학했다. 졸업했을 때는 다쓰노 긴고가 이미 학교를

사직하고 가사이 만지(葛西萬司, 1863~1942)와 함께 다쓰노가사이건축
사무소를 개설한 뒤였다.

나카무라는 도쿄제국대학 건축학과 대학원에 진학한 상태에서 다
쓰노가사이건축사무소에 입사했다. 얼마 후 다쓰노 긴고는 제일은행
경성지점(1911년에 조선은행 본점으로 개칭)의 설계와 감리를 모두 나카무
라에게 맡겼다. 거기에는 특별한 이유가 있었다. 나카무라의 대학원 전
공이 은행 건축인데다 나카무라의 동서가 제일은행 경성지점 부지배
인이었다. 1907년 가을, 나카무라는 제일은행 경성지점 신축공사 현
장감독으로 조선에 첫발을 디뎠다.[69]

1901년 손병희는 미국에 가기로 작정했다. 근대문명의 공기를 실컷
들이마시고 싶었기 때문이다. 동학 교주가 근대문명과 미국이라니, 내
심 변절이라도 한 걸까. 원래 동학은 서학을 무조건 배척하고 반대하
는 종교가 아니었다. 동학을 창시한 최제우도 서학의 근대성과 보편성
을 인정했다. 동학이 대항한 것은 서양 열강이 동양을 잠식하는 시대
에 서학이 지닌 제국주의적이고 침략주의적인 성격이었다. 동학농민
혁명의 반근대 반일본 노선은 그런 배경에서 나왔다.[70]

어쨌든 손병희는 동학농민혁명이 실패한 뒤 도피 생활을 하면서 변
하긴 했다. 다른 지역보다 문명개화에 대한 관심이 많은 국경 지대를
돌아다니면서 그는 개화운동의 필요성을 느꼈다. 경성에 숨어 있을 때
는 개화파 인사들과 접촉하면서 세상의 변화와 근대문명의 힘을 깨달

왔다. 이런 배경에서 손병희는 관의 추적을 피하고 문명개화사상을 배우기 위해 미국에 가기로 결정했다. 그러나 계획은 뜻대로 되지 않았다. 원산에서 배를 타고 부산과 나가사키, 오사카를 경유해 미국으로 가려 했지만 여비가 떨어지는 바람에 일본에 머무르게 되었다.[71]

1901년부터 1906년까지 일본에 체류하는 동안 손병희는 박영효, 오세창, 권동진 등 망명 개화파들과 교제하며 동학교단의 근대화를 구상했다. 일본을 통해 근대문명을 수용해 옛날의 동학이 아닌 새로운 이름으로 새출발을 하려고 했다.

1905년 손병희는 천도교의 탄생을 알리는 광고를 일간지에 냈다. 1906년 귀국한 그는 본격적으로 교단 정비에 착수했다. 교세가 회복되고 재정 상황이 좋아지면서 동학은 근대적 체제를 갖춘 종교로 변신했다. 1907년 손병희는 교주 자리에서 물러나 교육과 출판문화운동에 전력했다.

그는 인재 양성을 위해 보성학교, 보성중학교, 보성전문학교(1932년 재정난으로 김성수가 인수, 현재 고려대학교)를 인계받아 경영했다. 동덕여학교(현재 동덕여자대학교)를 설립하고 지방에도 학교를 세웠다. 천도교 청년들을 일본으로 유학 보내고 교인들에게 사회진화론과 문명개화사상을 교육했다. 이 정도면 손병희가 왜 천도교중앙대교당을 서양식 건물로 지었는지 충분히 짐작이 간다. 그 시대 문명개화와 사회진화론의 해바라기들은 서양식 건물을 문명과 진화의 상징으로 여겼다. 안목의 기준은 손병희가 일본 체류 기간에 본 서양식 건물이었다.

그 기간은 다쓰노 긴고 세대들이 한창 활약하던 때였다. 그들은 공부대학교 시절 영국인 건축가 조시아 콘도르(Josiah Conder, 1852~1920)에게 배운 고딕, 르네상스, 바로크, 빅토리아, 사라센, 인도 풍의 여러 건축양식을 절충하며 건물을 설계했다.

그런데 천도교중앙대교당을 짓기로 결정한 1918년에 손병희가 원했던 건물을 만들 만한 조선인 건축가는 없었다. 조선인 건축가 1호인 박길룡은 그때 경성고공 건축과 학생이었다. 조선인 건축가가 독자적 건축 활동을 하게 된 시기는 1920년대 후반부터였다.

일본인 건축가는 대부분 총독부 산하 건축조직에서 근무했다. 일본인이 운영하는 민간 건축사무소는 1910년대에 세 곳 정도였고 1920년대부터 증가했다. 그런 상황에서 조선에 온 나카무라 요시헤이는 한눈에 들어오는 존재였다. 도쿄제국대학 건축학과 출신인데다 유명한 다쓰노 긴고의 제자였고, 더구나 그가 조선에서 처음으로 해낸 건물은 누구나가 알 만한 조선은행이었다.

1912년 조선은행이 준공된 뒤 나카무라는 일본으로 귀국하지 않았다. 대신 황금정(현재 을지로)에 '나카무라건축사무소'를 열고 독립했다. 그의 등 뒤에는 조선은행 부지배인인 동서가 있었다. 동서의 조언과 협력으로 조선과 만주의 건축 수요를 파악하고 준비했다. 나카무라가 조선은행 건축 고문을 맡게 되자 조선, 중국, 일본의 조선은행 지점만이 아니라 다른 은행 지점에서도 설계를 의뢰했다. 1917년에는 조선은행 다롄지점 신축공사를 계기로 다롄 출장소도 설치했다.[72]

나카무라 요시헤이가 현장감독한 조선은행 본점(위).
지금은 한국은행 화폐박물관으로 쓰이고 있다(아래).

조선은행 본관 내부.

천도교중앙대교당 신축이 거론될 무렵까지 나카무라 사무소에서 완공한 건물은 조선은행 부산지점, 기독교 청년회관, 조선은행 오사카 지점, 미쓰코시 오복점 경성지점, 한성은행 개성지점, 경성 중앙학교, 신의주 공회당, 한성은행 부산지점 들이었다. 민간 건축사무소 치고는 건축 규모도 크고 실적도 많았다. 나카무라 요시헤이는 1910년대 조선에서 가장 잘나가는 민간 건축가였다. 손병희에게 나카무라는 일본인이라기보다 자신이 원하는 건축을 실현시켜줄 최적의 건축가였다.

1921년 천도교중앙대교당이 완공되었다. 그런데 사람들이 그동안 봐온 서양식 건물과는 좀 달랐다. 서양식 건물이긴 한데, 일제가 건축해온 르네상스풍이 아니었다. 중앙 돔 부분이 우뚝 솟은 종교시설이긴 한데, 유럽 선교사가 지은 뾰족한 고딕풍도 아니었다. 나카무라의 스승 다쓰노 긴고가 여러 건축양식을 적절하게 절충한 방식도 아니었다.

천도교중앙대교당은 세제션Secession 스타일 건축이었다. 세제션은 1897년 오스트리아 빈에서 젊은 예술가들이 일으킨 운동이었다. 이 운동은 분리·독립을 뜻하는 세제션의 의미처럼 전통과 과거 양식으로부터 분리된 새로운 예술을 지향했는데, 화가 구스타프 클림트가 초대 회장이었다.

건축에서 세제션은 오스트리아 빈과 독일 바이에른 지방에서 일어났다. 건물의 형태만 보면 과거 건축양식에서 분리된 느낌이 명확하게 드러날 정도는 아니다. 전반적으로 전통 건축양식 느낌은 남아 있지만,

장식에 의존하지 않고 단순한 직선으로 형태의 변화를 만들어냈다. 철근·유리·콘크리트 같은 공업 재료, 기능에 충실한 형태와 구조적 합리성을 선호했다. 건축 양식으로 보면 르네상스니 바로크니 신고전주의니 하는 역사주의 건축에서 모더니즘 건축으로 넘어가는 단계였다.

일본에서 세제션 건축은 유학생과 잡지를 통해 소개되었다. 일본의 젊은 건축가들이 서구 고전 양식이 아닌 새로운 건축을 한창 열망하고 있을 때였다. 그 열망에 세제션 건축이 불을 지폈다. 1920년 도쿄제국대학 출신의 젊은 건축가들이 분리파건축회(1920~1928)를 결성했고, 곧이어 창우사건축회(1923~1930), 신흥건축가연맹(1930) Desam(1932~1933) 청년건축가그룹(1933~1934) 건축과학연구회(1933) 같은 일본 근대건축운동이 일어나기 시작했다. 그러나 건축운동은 몸부림으로 끝났고 현실을 바꾸지는 못했다. 군국주의 시대에 사회주의 성향의 건축운동단체는 생기는 대로 탄압을 받았고 해체되기를 반복했다.

일찍이 일본을 떠났던 나카무라는 조선에서 바로 옆에 있는 사람을 통해 세제션을 흡수했다. 그 사람은 바로 안톤 마르틴 펠러(Anton Martin Feller, 1892~1973)로, 나카무라가 1919년 조선에서 고용한 직원이었다.

펠러는 오스트리아 티롤에서 태어나 취리히고등공업학교(현재 취리히연방공과대학교) 건축과를 다녔다. 제1차 세계대전에 참전했다가 러시아 포로가 되었고, 러시아혁명 때 탈출해 이곳저곳을 떠돌다 경성에 들어왔다. 그때 기독교청년회에 있던 일본인의 소개로 나카무라건축사무소를 알게 된 것이다.[73]

펠러가 입사한 이후 나카무라의 작품에 세제션 건축이 보이기 시작했다. 개원공회당(1920년), 경성일보 본사(1920년), 조선은행 장춘지점(1920년), 경성공회당(1920년), 천도교중앙대교당(1921년), 경성은행 집회소(1921년), 호남은행 본점(1921년), 한일은행 본점(1921년), 조선은행 군산지점(1922년), 조선은행 대구지점(1922년), 호서은행 본점(1922년) 들이 대표적인 세제션 스타일이었다.

나카무라와 펠러의 관계는 고용주와 고용인에서 건축 파트너로 발전해갔다. 1921년부터 일 년간 두 사람은 유럽과 미국을 여행했다. 여행에서 돌아온 나카무라는 다롄과 경성의 사무소를 일본인 직원에게 인계하고, 펠러와 함께 도쿄에 건축사무소를 열었다. 하지만 얼마 못 가 나카무라는 펠러의 높은 임금을 감당할 수 없었고, 펠러는 나카무라의 소개로 도쿄에 있던 안토닌 레이먼드(Antonin Raymond, 1888~1976)의 건축사무소로 옮겼다. 다시 얼마 뒤 펠러는 레이먼드의 추천으로 프랭크 로이드 라이트(Frank Lloyd Wright, 1867~1959)의 미국 탈리에신이스트Taliesin East로 이직했다. 하지만 아내의 자살로 곧 그만두고 한동안 행적이 끊겼다가 말년에 뉴저지 주에서 건축사무소를 운영했다고 알려졌다.[74]

나카무라는 1944년까지 자신의 건축사무소를 운영했다. 주로 도쿄와 고향인 시즈오카 현에서 활동했다. 조선에서도 설계 의뢰가 들어왔다. 1938년의 이왕가미술관(현재 덕수궁 현대미술관)도 나카무라의 작품이다. 일본이 패망한 다음에는 건축 일을 그만두고 고향에서 교육위원

세제션 스타일의 천도교중앙대교당(1921년 모습).

천도교중앙대교당 첨탑 부분.

으로 지냈다.

나카무라의 건축 활동은 고국인 일본에서보다 식민지 조선에서 더 활발했던 것 같다. 그는 동경제국대학과 다쓰노 긴고라는 대단한 배경에 비해 일본에서는 그다지 알려지지 않았다. 그 이유가 이른 나이에 호경기를 좇아 식민지 조선에 와서 안주했기 때문이라고 한다.[75]

그러나 안주라기보다는 상대적으로 일본 본토 건축계에 기반이 약한 것과 전시상황 탓이 아닐까 싶다. 나카무라는 윌리엄 보리스와 함께 일제강점기 조선에서 가장 왕성하게 활동한 외국인 건축가였다. 나카무라가 설계한 건물은 서울, 부산, 개성, 신의주, 대구, 대전, 예산, 공주, 광주, 군산, 순천, 목포 등 여러 지역에 퍼져 있다. 조선은행을 맡으면서는 만주의 펑톈(奉天, 현재 선양), 신징(新京, 현재 창춘), 다롄大連까지 진출했다. 1922년 조선건축회가 창립되었을 때는 총독부 건축기사 이와이 조자부로岩井長三郎와 함께 부회장을 역임하기도 했다.

어찌 보면 나카무라에게 건축 인생의 물꼬를 열어준 것은 조선이었다. 그에게 건축적인 영감과 자극을 주었던 펠러를 만난 곳도 조선이었다. 나카무라가 자신의 인생을 개척하고 도전했던 가장 빛나던 시절은 조선에서 보낸 날들이 아니었을까. 나카무라의 걸작은 고전 양식이 판치던 시대에 세제션 스타일을 실험해본 조선의 천도교중앙대교당이 아니었을까.

천도교중앙대교당은 역사의 아이러니로 이어진 건물이다. 일본군은 동학군을 살육했고, 동학의 후신 천도교의 교당은 일본제국대학

지금은 덕수궁 현대미술관(아래 왼쪽 건물)이 된 이왕가미술관(위 왼쪽 건물).

출신의 일본인이 설계했으며, 그 설계는 제국주의 본고장인 유럽에서 전통을 거부하던 건축 사조를 따랐다. 그렇게 일본인이 설계한 반전통의 건축은 식민지 조선에서 민족운동의 중심지가 되었다.

12장
•
식민지 조선에서 인생 역전을,
다마타 기쓰지와 오스미 야지로

다마타
기쓰지

●

1894~미상

1894년 야마구치 현에서 태어났다. 소학교를 졸업하자마자 도편수에게 목수 일을 배웠다. 1923년 관동대지진 이후에는 도쿄 지진부흥국에서 일하면서 2년 제 중앙공학교 건축고등과 야간 과정을 마쳤다. 졸업 후에도 지진부흥국에서 계속 근무하다가 미쓰코시백화점 경성지점 신축공사 현장감독으로 조선에 오게 되었다. 미쓰코시 공사가 끝난 뒤에는 일본으로 돌아가지 않고 다마타건축 사무소를 개업했다. 건축 교육과 실무 경험은 부족했지만 1930년대 조선에서 극장 건축 전문가로 큰 성공을 거두었다.

대표작으로는 단성사(1934년), 명치좌(1936년), 황금좌(1936년), 부산 동래관 (1938년) 들이 있다.

오스미
야지로

•

1905~1996

1905년 히로시마에서 태어났다. 열세 살에 가출해 경성으로 온 그는 경성공업 학교 건축과와 경성고등공업학교 건축과를 졸업했다. 이후 다다공무소에서 설 계부장으로 일하다가 자신의 건축사무소를 차렸다. 일본 패전으로 본국으로 돌아갈 때까지 조선 각지에 주택, 사무소, 공장, 창고, 차고 들을 만들었다. 그의 특기는 일본의 목조와 스키야 건축이었는데, 이를 바탕으로 모던 스타일이 가 미된 일본풍 건물을 설계했다.

오늘날 세계의 대세와 우리 제국이 처한 조건을 깊이 숙고한 결과 짐
은 비상수단에 의지해 현재의 상황을 해결하기로 결정했노라. 짐은 우
리 정부에 공동선언 조항을 수락하기로 했다는 뜻을 미국, 영국, 중국,
소련 정부에 통고하라고 지시했다.[76]

1945년 8월 15일, 일왕은 항복문을 발표했다. 항복이란 말도 사과의
내용도 없는 희한한 항복문이었지만, 라디오를 듣는 일본인들은 숨죽
여 오열했다. 다마타 기쓰지(玉田橘治, 1894~미상)는 그들에게서 떨어져
창가로 걸어갔다. 바깥 풍경은 평소와 다름없었다. 조선인들은 아직
세상이 뒤바뀐 줄 모르는 모양이었다. 하긴 조선인에게 라디오는 흔한
물건이 아니었다. 설령 라디오가 있어도 일왕의 일본어를 쉽게 알아들
을 수도 없을 터였다.

　'이제 패전국 국민은 조선을 떠나야겠지? 조선을 떠나 일본으로 돌
아간다, 돌아간다, 일본으로, 일본…. 그곳에 무엇이 있었던가.' 다마타

의 동공은 초점을 잃은 채 허공을 헤매었다. 어려서는 남루했고 커서는 지지부진했던 삶이 유리창에 어른거렸다. 오래전 일본 하층민들을 부추겼던 구호가 인두자국처럼 떠올랐다가 비눗방울처럼 사라졌다. "조선은 신천지! 그곳에 살길이 있다. 조선으로 가라!"

다마타는 고향 야마구치 현에서 소학교를 졸업한 뒤 목수 일을 배웠다. 그가 속한 목수팀은 야마구치 현만이 아니라 규슈와 가고시마, 중국 베이징 등지로 돌아다니며 일을 맡았다. 그러다 1923년 관동대지진이 일어난 뒤에야 다마타는 안정적인 직장을 얻었다. 도쿄 지진부흥국에서 측량 일을 맡은 것이다. 그곳에서 다마타는 주간에는 일을 하고 야간에는 2년제 중앙공학교를 다녔다.

1927년 중앙공학교 건축고등과를 졸업한 뒤에도 다마타는 계속 지진부흥국에서 근무했다. 그러던 어느 날, 두 군데에서 새로운 일자리 제의를 받았다. 하나는 홋카이도였고, 다른 하나는 경성이었다. 다마타는 경성을 택했다. 홋카이도보다 경성이 고향에서 지리적으로 가까웠기 때문이다. 실제로 조선에 온 일본인들 중에는 일본 서부 지방 출신이 많았다.[77]

하지만 다마타에게 더 중요한 것은 지리적 거리보다 인생의 돌파구였다. 새로운 환경과 획기적인 변화가 절실했다. 다마타가 경성에서 맡은 일은 미쓰코시백화점 경성지점 신축공사 현장감독이었다. 워낙 대규모 공사라서 현장감독을 여러 명 두었는데, 다마타도 그중 한 명이었다.

1930년 미쓰코시백화점이 준공되었지만 다마타는 귀국하지 않았다. 10여 년 전 나카무라 요시헤이처럼 다마타도 경성에 건축사무소를 열었다. 하지만 나카무라와 다마타의 상황은 달라도 너무 달랐다.

나카무라는 일본만이 아니라 식민지 건축계까지 장악한 도쿄제국대학 출신이었다. 다마타는 겨우 2년제 공학교를, 그것도 직장을 다니며 야간 과정으로 마쳤다. 나카무라는 대학원에 진학했고 일본 최고의 건축사무소에서 실무를 했다. 다마타는 건축 교육을 받긴 했지만 제대로 된 실무 경험도 없었다. 기껏해야 고향 도편수에게 배운 목수일과 미쓰코시백화점 경성지점 현장감독이 다였다.

다마타는 비빌 언덕도 교육 수준도 건축 경험도 하나같이 신통치 않았다. 애당초 가진 게 없으니 고민할 것도 뒤돌아볼 것도 없었다. 그래서 '맨땅에 헤딩'이 통할 곳은 이미 시스템이 갖춰진 일본보다 빈틈이 많은 조선일 거라 생각한 게 아닐까. 미쓰코시가 열어준 신천지 조선에서 다마타는 독자적인 길을 걷기로 했다.

객관적으로 따져보면 다마타의 결심은 무모했다. 그러나 다마타는 변변찮은 설계 경력과는 어울리지 않는 작품들을 쏟아내며 대단한 성공을 거두었다. 나카무라 요시헤이가 1910년대와 1920년대 초반 조선에서 일본계 건축사무소를 대표했다면, 다마타는 1930년대 일본계 건축사무소를 대표했다. 나카무라의 특기가 식민 권력과 가까운 은행 건축이었다면, 다마타의 특기는 대중과 가까운 극장 건축이었다. 단성사(1934년), 명치좌(1936년), 황금좌(1936년), 부산 동래관(1938년) 등 전국 각지에서 극장을 설계했다.

단성사는 조선극장, 우미관과 더불어 조선인의 대표 문화공간이었다. 장식을 배제한 모던 스타일의 단성사에서는 영화, 연극, 전통연희 같은 다양한 공연이 펼쳐졌다. 일제강점기 말 일본인이 인수해 대륙극장으로 잠시 이름이 바뀌었다가 해방이 되면서 제 이름을 되찾았다. 1990년대 까지 한국 영화사와 궤적을 함께 해오다가 대기업의 멀티플렉스에 밀려 2001년 철거되었다. 2005년 지하 4층, 지상 9층짜리 멀티플렉스 영화관 으로 개장되었지만, 2008년 경영난으로 부도 처리되었다. 그 뒤에도 여러 번 주인이 바뀌다가 지금은 '단성골드' 주얼리센터로 재단장했다.

명치좌는 철골과 철근콘크리트 구조로 된 지하 1층 지상 4층 건물이었다. 건물의 모서리 진입 부분을 바로크풍으로 화려하게 강조한 것이 특징이다. 해방 전에는 일본인을 위한 일본영화 상영관이었고, 해방 후 미군정청 시기에는 '국제극장'으로 이름이 바뀌었다. 1947년에는 서울시 공관으로 편입되어 집회나 공연 장소로 활용되었고 1957년부터는 국립 극장과 공동으로 사용되었다. 1961년부터 1973년까지는 정식으로 국립극장 역할을 맡으면서 한국 공연예술의 선구자 구실을 했다. 그러다 1975년 대한투자금융에 매각되어 금융기관으로 사용되다가 헐릴 위기에 처하자 문화예술계와 지역 인사들이 건물 되찾기 운동을 벌였다. 결국 문화관광부가 땅과 건물을 매입했고, 2004년 복원공사를 시작해 2009년 '명동예술극장'으로 새롭게 문을 열었다. 역사성을 보존하기 위해 외부는 옛 모습대로 복원하고 내부는 최신 시설로 리모델링했다.

1934년 신축한 단성사(위)와 1993년 한국영화 최초로
100만 관객을 돌파했던 〈서편제〉가 상영되었을 때의 단성사(아래).

1937년 명치좌(위)와 2009년 재개관한 명동예술극장(아래).

황금좌는 동양풍을 가미한 르네상스 스타일로 해방 뒤 국도극장으로 사용되다가 1999년 철거되었다. 부산 동래관은 명치좌와 유사하게 대지 모서리 입구 부분을 강조했지만 건축 형태는 모던 스타일이었다.[78]

단성사, 명치좌, 황금좌, 부산동래관은 조선인이든 일본인이든 꿈과 환상을 품고 드나들던 건물이었다. 한 시대를 풍미했던 대형 극장들을 설계한 다마타는 과거 일본에서 꿈과 환상 대신 팍팍한 현실을 버티며 목수와 측량 일을 했다. 그런 다마타가 식민지 조선에 와서 극장 건축 전문가로 인생 역전에 성공했다. 오래전 일본 하층민들을 부추겼던 그 구호 그대로 식민지 조선은 그에게 꿈과 환상을 실현시켜준 '신천지'가 되었다.

오스미 야지로(大隅彌次郎, 1905~1996)는 다마타보다 나이는 어리지만 먼저 신천지 조선을 찾아와 건축가로 성장한 인물이다. 히로시마에서 태어난 그는 소학교를 졸업한 뒤 열세 살에 가출해 경성으로 왔다. 가출한 이유는 집안의 여관업을 잇기가 싫어서였고, 경성에는 이미 그의 누이가 살고 있었다.

조선에 온 오스미는 2년제 경성공업학교 건축과를 다녔지만, 가난한 형편 때문에 3년 만에 졸업했다. 이후 경성고등공업학교 건축과에 진학했지만 여전히 학비 문제에 시달렸다. 다행히 재학 중에 다녔던 다다공무소多田工務所의 후원을 받아 1929년 졸업할 수 있었다. 다다공무소는 일본인 다다 준자부로多田順三郎가 1916년 조선에서 창업한 건축 청부업 회사였다.

1930년 오스미는 다다공무소 설계부 부장으로 취임했는데, 그때부터 설계 문제를 놓고 회사와 충돌이 잦았다. 결국 부장이 된 지 일 년 만에 회사를 그만두었고, 공백기를 거쳐 1934년 자신의 건축사무소를 열었다. 패전 후 일본으로 철수할 때까지 전국 각지에 주택, 사무소, 공장, 창고, 차고를 설계했다. 오스미는 일본 목조와 스키야(数寄屋, 일본 다실) 건축에 일가견이 있었고, 이를 바탕으로 모던 스타일이 가미된 일본풍 건물을 설계했다. 태평양전쟁 시기에는 해군의 강제 명령으로 일본 해군 병기공장을 설계한 적도 있다. 오스미의 작품은 목록과 숫자는 많지만, 남아 있는 건물도 없고 자료도 부족하다. 대부분 개인 주택이거나 규모가 크지 않은 기능 위주의 시설이라서 그렇지 않을까 싶다. 그만큼 철거되기도 쉬웠을 것이다.[79]

오스미는 열세 살에 조선에 와서 마흔한 살에 일본으로 돌아갔다. 가업을 거부하고 가출했던 소년에게 식민지 조선은 인생의 전환점이었고, 스스로 선택한 건축을 공부하고 건축가로 성공할 수 있었던 기회의 땅이었다.

1975년 9월 대한건축학회 창립 30주년 기념식에 일본건축학회 이사가 초대되었다. 그의 이름은 가사이 시게오葛西重男였다. 1927년 도쿄제국대학 건축학과를 졸업한 그는 경성고등공업학교 교수로 조선에서 근무한 적이 있다. 기념식에서 "일본의 건축"이란 주제로 특별 강연을 하는 동안 그는 자신의 감회를 풀어놓았다.

> 본인은 옛날 13년간 경성공업전문학교 교수로서 건축기술 교육을 담
> 당했습니다. 회원 여러분 중에는 이 학교 졸업생이 적지 않습니다. 현
> 재 한국 건축계의 중견으로 눈부신 활동을 하고 있음을 기쁘게 생각
> 하고 있습니다. … 본인 개인으로서는 1932년 영주永住의 뜻을 지니
> 고 서울에 왔었습니다마는, 13년을 끝으로 부득이 일본으로 돌아가
> 지 않을 수 없었습니다. 이 서울 땅에 저의 가족에게는 희비의 많은 추
> 억이 있습니다. 13년간의 한국 생활에서 여러분으로부터 받은 따뜻한
> 감정을 잊을 수가 없습니다.[80]

《식민지 조선의 일본인들》을 쓴 다카사키 소지高崎宗司는 일제강점기
조선에서 살았던 일본인이 식민지 조선을 바라보는 시각을 세 유형으
로 분류했다. 식민 지배에 대한 자기합리화를 하는 유형, 자기비판을
하는 유형 그리고 그 시절을 그리워하는 유형이다. 패전 뒤 본국으로
돌아간 일본인 중에는 모임을 만들어 식민지 조선에서 보낸 시절을 낭
만적으로 그리워하던 이들도 있었다. 경성 삼판소학교 동창회 기념문
집에는 이런 내용이 실려 있다.

> 내게 다시 한 번 인생을 살 수 있는 기회가 온다면 아카시아 꽃향기
> 나는 경성 거리에 살 것이다. 우거진 남산 기슭의 삼판소학교에서 그

리운 선생님을 모시고, 옛 친구들과 함께 배우는 길을 주저 없이 택할
것이다.[81]

그런데 그리움도 아무나 하는 게 아니다. 똑같은 시간과 장소라도 기
억의 내용과 감성은 사람마다, 처지마다 다르기 마련이다. 3·1운동 이
후 총독부는 문화정치를 표방하면서 일본인 학교에서도 조선어 수업
을 실시했다. 1920년 경성의학전문학교 일본인 학생 대부분은 조선어
시간에 다른 책을 읽거나 다른 과목을 공부했다. 시험 시간에는 부정
행위를 일삼았다. 아카시아 꽃향기 나는 경성의 소학교 조선어 시간도
마찬가지였다. 일본 학생들은 일부러 마구 떠들어댔고 숙제를 해온 학
생은 없었다. 그런데도 조선어를 가르치는 조선인 선생은 언제나 웃는
얼굴이었다.[82]

그런 장면을 회상하는 일본인 학생과 조선인 선생의 심정이 같을 수
있을까. 누군가의 그리움이 누군가에게는 치욕이 될 수 있다. 경성고
등공업학교 교수였던 가사이 시게오는 조선인 학생들에게 받은 따뜻
한 감정을 잊을 수 없다고 했다. 경성고등공업학교의 조선인 학생이었
던 신무성에게도 잊을 수 없는 기억이 있다. 하지만 그 기억의 내용은
가사이 시게오와 전혀 달랐다.

무슨 분쟁이 일어나면 일본인들은 으레 조선인이 왜 까부느냐는 식으
로 상투적인 언사가 나오곤 했다. … 수가 많은 일본인들에게는 조선

어를 가르쳤고 간단한 시험으로 좋은 성적도 얻었고 사회에 나가서는 조선어 수당도 받았다. … 수적으로 우세한 일본인 학생이 우리 한인 학생을 끌고 가 구타한 적이 있었다. 그즈음 다른 전문학교에서도 일본인들이 한인들을 집단폭행했다는 풍문이 들렸으며 연례행사처럼 종종 있었다고 한다. … 2학년 때 나는 한국인만 모이는 공우회工友會 회장이 되었는데 당시 한국인 학생 수는 50명이나 되었다. 하지만 나는 일본인 학생들에게 일체의 폭력을 못 쓴다고 선언했고, 다행히 재학 중에 별 사고 없이 지냈다. 한마디로 기를 못 펴고 지내던 옛 기억이 어디 한시라도 머릿속에서 잊힐 것이랴.[83]

일제강점기 조선에서 활동한 일본 건축가들은 크게 네 부류였다. 첫째는 조선총독부, 철도국, 체신국, 경성부청, 경기도청 같은 관청 건축 조직에 소속된 건축가들이었고, 둘째는 조선은행, 조선식산은행, 조선저축은행 같은 금융기관 영선계에 소속된 건축가들이었다. 셋째는 경성고등공업학교 교수진이었고, 넷째는 건축과 관련한 일을 하는 건축 청부업이나 건축사무소를 운영하는 이들이었다.

건축계의 실세는 총독부와 철도국이었다. 조선건축회 간부는 주로 총독부 건축기사들이 돌아가면서 맡았는데 대부분 도쿄제국대학 출신이었다. 그 실세 집단에 속했던 가사이 시게오는 도쿄에서 태어나 도쿄제국대학을 졸업한 뒤 경성고등공업학교 교수를 지내다가 일본으로 돌아가서는 히로시마대학 교수로 일했다.

다마타와 오스미처럼 일본에서 주변부 삶을 살았던 이들이 합류할 만한 곳은 넷째 부류였다. 실세 집단은 아니었지만 조선에서 성공을 거둔 그들은 일본으로 돌아가 어떤 삶을 살았을까? 조선에서 극장 건축 전문가로 이름을 날렸던 다마타는 채석장 주임으로 근무했다. 패전이 불러온 사회 상황 탓도 있겠지만, 식민지 땅에서 쌓은 경력을 인정받지 못한 이유가 컸다. 나중에는 지인을 통해 영화관 설계를 맡으면서 고향에 다시 건축사무소를 열게 되었다. 하지만 경성에서 대규모 건축을 했던 것과는 달리 지방 도시의 중소 규모 건축에 그쳤다. 오스미의 상황은 다마타보다는 좀 나았다. 그는 아흔하나의 나이로 타계할 때까지 규슈 지방을 중심으로 건축 활동을 이어갔다고 한다.[84]

일본에서의 삶이 막막해 신천지에 운을 걸고 조선에 왔던 일본인들, 그들의 자녀로 조선에서 나고 자란 일본인들은 패전국 국민이 되어 일본으로 되돌아갈 때 어떤 마음이었을까? 패전 직후 조선총독부 건축기사들은 일본으로 돌아갔지만, 건축기수들 중에는 조선에 남기를 원했던 사람도 있었다. 조선에서 태어났거나 경성고등공업학교 출신들이 그랬다.[85] 그들은 일본에 연고가 없어서 불안했고, 식민지 출신이라는 딱지도 버거웠다. 조선에서 건축사무소를 운영했던 다마타와 오스미는 더했을 것이다. 그동안 축적한 재산과 사업 기반을 잃은 것도 타격이었겠지만, 자신에게 인생의 돌파구를 열어준 조선을 떠날 때의 상실감도 남달랐을 것이다.

13장
·
한 알의 겨자씨,
윌리엄 보리스

윌리엄
보리스

•

1880~1964

일본에서 활동한 미국 출신의 개신교 평신도 선교사이자 건축가·기업가다. 1902년 캐나다 토론토에서 열린 '제4회 해외전도학생봉사단 세계대회'에 콜로라도대학교 YMCA 단원으로 참여한 보리스는 중국에서 온 여성 선교사의 강연에 감명받아 선교사가 되기로 결심했다. 이후 1905년 일본으로 건너가 시가현 오미하치만의 상업학교 영어 교사로 일하면서 전도활동을 벌였다. 그러나 기독교에 배타적인 지역 주민들의 반발로 결국 2년 만에 해고당했다. 그럼에도 보리스는 그곳을 떠나지 않고 보리스건축사무소를 차렸다. 이후 보리스건축사무소는 조선과 일본의 미션 건축을 도맡으면서 전성기를 맞는다. 보리스의 건축사무소에는 일본인만이 아니라 미국인, 러시아인, 중국인, 조선인, 베트남인 등 다양한 민족이 섞여 일했는데, 조선인으로는 강윤, 임덕수, 최영준, 김한성이 있었다.

보리스건축사무소는 1910년대부터 1940년대까지 조선에 145건의 건축물을 남겼다. 대표작으로 1910년대 경성의 협성여자신학교와 피어슨기념성경학원, 1920년대 공주 영명학교, 1930년대 대구 계성학교 본관, 안동교회, 원산중앙교회, 해주 구세요양원 예배당, 이화여전 캠퍼스, 철원제일교회, 태화사회관, 대천 외국인 별장촌, 1940년대 평양요한학교 들이 있다.

20세기 초반, 도쿄나 오사카가 아닌 시가 현의 오미하치만. 1954년에야 시市로 승격되는 이 시골에 미국인 윌리엄 보리스의 건축사무소가 있었다. 직원은 일본인, 미국인, 러시아인, 중국인, 조선인, 베트남인…. 제국과 식민지, 자본주의와 사회주의, 황인종과 백인종의 나라에서 온 사람들이었다.

일본은 동양의 서양임을 자처하며 침략전쟁을 벌였고, 미국은 세계의 리더로 떠오르는 중이었다. 러시아는 혁명의 바람에 휩쓸렸고, 중국은 서구 열강의 침탈로 숨이 넘어가기 직전이었다. 조선과 베트남은 일본과 프랑스의 식민지로 전락해 반역과 저항이라는 핏빛 세월을 보내고 있었다.

그 광풍의 시절에 적으로 만날 만한 사람들이 모인 곳이 보리스건축사무소였다. 직원 구성도 이상했지만, 건축사무소에서 정식으로 건축을 배운 사람은 미국인들뿐이었다. 그 미국인들 중에 정작 건축사무소를 만든 보리스는 포함되지도 않았다.

그때까지 보리스의 이력을 보면 더 이상했다. 보리스는 1904년 건축이 아닌 철학사 학위로 콜로라도대학을 졸업했다. 1905년 일본에 처음 와서 정착한 곳이 오미하치만이었다. 그곳에서 상업학교 영어교사로 2년을 일하다가 해고를 당했다. 해고 사유는 보리스에 대한 지역 주민들의 반발이 너무 심해서였다.

그랬던 사람이 다른 곳도 아닌 바로 오미하치만에 건축사무소를 연 것이다. 열기만 한 게 아니라 1945년까지 설계한 건물이 무려 1484건이나 되었다. 그중에서 145건은 조선에, 37건은 중국에, 8건은 대만 건물이었고 스리랑카와 호놀룰루에서도 1건씩 진행했다.[86] 조선 내의 작품은 1914년부터 1942년까지 진행한 것들인데, 28년간 145건의 설계는 조선의 건축을 맡았던 외국인들 중에서 최장 기간이었고 최다 작품 수였다.

이래저래 수상쩍기만 한 보리스의 정체는 무엇일까. 그는 왜 일본에 갔을까. 왜 하필 오미하치만에서 그것도 건축과 무관한 다국적 청년들과 건축을 시작했을까. 보리스건축사무소의 조선인 직원들은 누구이고, 보리스는 어떻게 조선에서 그 많은 양을 수주할 수 있었을까. 무엇보다 자신을 거부했던 오미하치만에서 보리스는 어떻게 그 도시를 상징하는 인물이 되었을까.

1902년 캐나다 토론토에서 '제4회 해외전도학생봉사단SVM, the Student Volunteer Movement for Foreign Missions 세계대회'가 열렸다. 콜로라도대

학교 YMCA 단원으로 참여한 보리스는 중국에서 온 여성 선교사의 강연을 듣고 있었다. 의화단의 반기독교운동에서 가까스로 살아남은 그녀는 중국에서 일어난 순교와 박해를 증언하며 해외 선교에 동참할 것을 호소했다. 그 순간 보리스의 인생이 바뀌었다. 보리스는 오래된 꿈을 포기하고 평신도 해외 선교사가 되기로 결심했다.

1905년 1월 10일, 보리스는 샌프란시스코에서 요코하마행 증기선을 탔다. 아무도 가지 않았고 아무도 가지 않을 곳에서 선교를 하고 싶었다. 오미하치만은 딱 그런 곳이었다. 전통적으로 불교 세력이 강하고 기독교에 대해 아주 배타적인 곳, 그래서 선교사들 사이에서는 선교가 불가능한 지역으로 소문난 곳이었다.

보리스는 오미하치만에서 2년 만에 기적 같은 일을 해냈다. 상업학교 영어 교사였던 보리스는 영어만 가르친 게 아니었다. 성경연구회를 만들어 방과 후에는 영어 성경을 가르쳤는데, 성경보다 영어를 배우려고 온 학생들이 나중에는 세례를 받고 기독교인이 되기도 했다. 보리스는 그들을 조직하기 위해 YMCA(기독교청년회)를 만들고, 미국에서 모아온 기부금으로 YMCA 회관을 건립했다.

그쯤 되자 지역 주민들과 불교도들의 반발이 거세졌다. 급기야 기독교 학생들에 대한 폭력 사태까지 발생했다. 결국 상업학교 교장은 보리스를 해고하고 말았다. 그때 보리스는 "마치 쇠막대기로 머리를 얻어맞은 것 같은 충격을 받았다"고 한다.[87]

보리스의 해직은 지역 신문을 통해 널리 알려졌다. 선교사들은 학교의 부당한 처사에 항의했고, 보리스에게 위로와 후원금을 보냈다. 새로운 교사직을 제의해오는 곳도 있었다.[88]

여느 선교사라면 다른 곳에 가서 다시 교사가 되었을 것이다. 하지만 보리스는 다른 길을 택했다. 이제 무엇을 할 것인가, 그 고민 앞에서 보리스는 일본에서 목격해온 미션 건축의 실상을 떠올렸다. 건물이 필요한 외국인 선교사는 건축에 무지했고, 현지인 업자는 그런 선교사를 속여 비싼 비용을 청구하거나 비효율적으로 공사를 진행했다. 비로소 선교사가 되기 위해 포기했던 꿈이 되살아났다.

건축은 일찍이 내 평생 직업으로 버릴 수 없는 것이었다. 오랜 기간 꿈꿔왔던 건축가로서의 길을 포기하는 것은 쓸쓸한 일이지만, 이상하게도 예기하고 있었던 것처럼 실망과 고통은 느껴지지 않았다. 건축학 전공을 단념하고 신학기부터 대학의 이수과정을 바꾸었으나 학습 시간 이외에 취미와 오락으로서 건축 연구를 계속했다. 그런데 이것이 훗날 또다시 도움이 되었기에 정말 하나님 계획의 신비로움을 새삼 생각하게 되었다.[89]

원래 보리스는 건축을 공부하려고 고등학교 때 매사추세츠공과대학에 지원했고 입학 허가도 받았다. 하지만 경제적 문제로 거주지의 콜로라도대학에 입학했다. 그곳에서 일반 교양 과목을 이수한 다음 매사추세츠공과대학으로 옮길 계획이었다.

결국 그 계획은 캐나다 토론토에서 접고 말았지만, 역시 알다가도 모르는 게 인생이었다. 선교를 위해 건축을 포기하고 온 일본에서 선교활동을 하다가 뒤통수를 맞고 나서야 건축가의 길이 열렸으니. 더구나 그때는 건축가냐 선교사냐를 고민할 필요가 없었다. 둘을 접목한 건축선교사를 하게 되었으니 말이다.

보리스가 1908년 개설한 건축사무소는 순조롭게 진행되었다. 우선 일거리가 많았다. 미국 교회가 해외 선교사업을 한창 벌이던 시기에 미국인 건축선교사는 드물었다. 당연히 보리스가 적임자가 되었고, 차츰 일본만이 아니라 조선, 중국에서도 설계 의뢰가 들어왔다.

시골에 있는 건축사무소였지만 인력도 탄탄했다. 보리스는 건축 학위가 없었지만 오랫동안 독학으로 건축을 연구해왔기에 거의 모든 건축양식을 구사할 수 있었다. 보리스의 해고를 앞당겨준 오미하치만의 YMCA도 그가 직접 설계한 건물이었다.

초창기 직원은 일본인과 미국인이었는데, 일본인 직원은 보리스가 해고당한 상업학교 졸업생들이었다. 미국인 직원은 과거 보리스가 단원이었던 해외전도학생봉사단SVM 출신의 건축기사들이었다. 그 인연으로 3~5년 계약으로 일본에 와서 일하다가 미국으로 돌아갔다. 건축을 전공한 그들은 일본인 직원들을 가르쳐가며 실무를 이끌었다. 1941년 태평양전쟁이 일어날 때까지 그들은 꾸준히 일본에 왔고 주도적 역할을 다했다.[90]

1910년대 후반부터는 건축을 공부한 일본인들이 입사했다. 처음에는 공업학교를 나온 사람이었고, 1920년 이후에는 와세다대학 같은 명문학교 출신자들도 들어왔다. 그만큼 보리스의 지명도가 높아지고 활동 범위가 넓어졌기 때문이다.

조선인 직원은 1920년에 입사한 강윤과 임덕수, 1930년대 후반에 입사한 최영준과 김한성이었다. 최영준은 강윤의 소개로, 김한성은 부산공업학교를 졸업한 뒤 부산에서 활동하던 선교사의 소개로 왔다. 두 사람은 강윤과 함께 조선에서 의뢰한 건축사업을 맡았다.

임덕수는 입사 10년 후인 1930년 미국으로 이민을 갔다. 최영준은 해방이 되자 국내에서 토건사를 운영했는데 주로 교회 건축을 맡았다. 김한성 역시 건축사무소를 운영하며 교회 건축을 많이 진행했고 사회복지사업도 벌이다가 1970년대에 미국으로 이민을 떠났다.

직원은 아니었지만 조선에서 마공무소를 운영했던 마종유는 오미하치만의 보리스사무소에서 일 년간 건축 공부를 했다. 마공무소는 도시형 한옥을 짓던 업체였는데, 이화여전 본관을 비롯한 미션 건축 공사를 맡기도 했다. 해주 구세요양원 여성병동을 무보수로 공사해준 적도 있다. 아마 마종유도 기독교인이었고 그가 운영하던 마공무소는 보리스건축사무소의 조선사업 협력업체였을 것이다.

보리스의 또다른 협력업체는 중국인 왕공온王公溫의 '복음건축창福音建築廠'이었다. '복음'에서 알 수 있듯 왕공온도 기독교인이었다. 일찍이 조선에 와서 건축업을 했던 그는 이화여전 음악당을 시공했다. 태화사회관도 맡았지만 중일전쟁이 터지는 바람에 공사를 포기하고 중국으

로 돌아갔다.[91]

그런데 여기서 의문이 드는 대목이 있다. 보리스는 조선에서 145건의 건축을 했다. 만일 조선인 직원과 현지 협력업체가 없었다면 가능했을까? 조선의 문화와 풍토를 잘 아는 조선인이 설계에 참여하지 않았다면, 그만큼 지속적인 호응을 얻을 수 있었을까. 현지에서 시공하는 업체가 없었다면, 가뜩이나 낯선 건축양식을 짓는데 필요한 인력과 자재를 그만큼 조달할 수 있었을까.

보리스가 초창기에 설계한 교회, YMCA 회관, 미션스쿨, 병원 들은 기능에 따라 건축양식이 정해져 있었다. 교회와 학교는 고딕 양식, 선교사 주택은 미국의 콜로니얼 양식이나 스페인풍, 사무소는 르네상스 양식이었다. 곧 조선이든 일본이든 중국이든 장소와 상관없이 건물의 기능에 따라 정해진 양식대로 짓는 식이었다. 그런데 조선인 직원들이 어느 정도 실무 경험을 쌓은 1930년대에 나온 설계는 좀 달랐다. 조선의 전통적 요소와 지역 재료가 활용되었다. 황해도 해주 구세요양원 예배당 벽면은 조선에서 쉽게 얻을 수 있는 화강암을 전통 돌쌓기 방식으로 쌓아올렸다.[92] 이화여전 가사실습소는 아예 전통 한옥 형태였고, 강윤의 대표작인 태화사회관은 한양절충식이었다. 달리 말하면 조선인 직원과 보리스의 관계는 일방적인 것이 아니었다. 조선인 직원도 보리스건축사무소에서 수동적인 존재가 아니었다.

조선에서 보리스의 작품은 1910년대부터 1940년대까지 여러 지역에 골고루 퍼져 있다. 1910년대 경성의 협성여자신학교와 피어슨기념

해주 구세요양원 예배당.

대구 계성학교 본관.

성경학원, 1920년대 공주 영명학교, 1930년대 대구 계성학교 본관, 안동교회, 원산중앙교회, 해주 구세요양원 예배당, 이화여전 캠퍼스, 철원제일교회, 태화사회관, 대천 외국인 별장촌, 1940년대 평양요한학교(무어박사 성경학교) 들이다.

일본에서도 교회, 학교, 선교사 주택이 많았고, YMCA, YWCA, 상업시설, 사무소, 관공서도 지었다. 국가등록유형문화재로 지정된 건물도 상당히 많은데, 일본기독교단 오사카교회, 구 고베유니온교회, 구 오미하치만 YMCA 회관, 보리스기념병원 예배당(구 오미요양원), 도시샤대학 도서관, 간사이학원대학 시계탑(구 도서관), 고베 롯코산장 들이다. 고베여학원 캠퍼스 건물군은 가장 먼저 중요문화재로 지정되었다.[93]

이 정도면 보리스가 오랫동안 소망했던 건축가의 꿈은 대단한 성공을 거둔 셈이다. 하지만 선교사 보리스에게 건축은 선교사업의 일부분이었다. 보리스는 건축사무소 외에 오미미션, 오미세일즈주식회사, 오미요양원도 설립했다. 그중에서 핵심은 선교단체인 오미미션이었다. 오미세일즈주식회사는 무역과 상품 판매를 전담했는데, 보리스건축사무소와 함께 오미미션의 경제적 기반이었다.

오미요양원은 일본 최초의 결핵 요양원이다. 조선의 시인 이상처럼 일본의 젊은이들도 결핵에 걸려 제대로 치료받지 못하고 사망하는 경우가 많았다. 보리스도 어린 시절 결핵으로 고생한 적이 있다. 이런 개인적 경험이 결핵 요양원 건립에 영향을 미쳤다.

보리스는 출판사업도 벌였다. 일본인 독자를 대상으로 〈호반의 목

보리스건축사무소가 설계한 간사이학원대학 시계탑.

소리湖畔の聲)를 발행했고, 외국인 독자와 선교사를 위해 영문잡지 〈오미의 겨자씨The Omi Mustard Seed)를 발간했다. 교육사업은 보리스의 일본인 아내 마키코満喜子가 시작했다. 마키코는 무료 유치원을 운영하고 젊은 여성들을 유치원 보모로 육성했다.

오미미션에서는 근로 여성을 위한 교육, 농업 발전과 지도자를 위한 교육도 실시했다. 심지어 오미미션 사원과 가족들을 위한 공동납골당도 건립했다. '요람에서 무덤까지'라는 말이 절로 나오는 대목이다.

1934년 오미미션은 '오미형제사'로 이름을 바꾸고 조직을 통합 개편했다. 그러나 오미형제사는 1937년 중일전쟁 이후부터 위기를 맞았다. 물자가 갈수록 부족해지는 상황에서 일본 정부는 강압과 통제를 일삼았다. 보리스가 경성과 다롄에 건축사업부 출장소를 개설한 것도 돌파구를 마련하기 위해서였다. 그럼에도 전성기는 끝자락에 걸려 있었고, 태평양전쟁은 코앞으로 다가왔다. 일제는 미국인 선교사를 적성국 국민이라며 추방했다. 스물다섯 살에 일본으로 건너와 예순한 살이 된 보리스는 어떤 선택을 했을까.

태평양전쟁이 일어난 1941년, 보리스는 일본으로 귀화해 아내 마키코의 집안에 입적했고, 히토츠야나기一柳라는 일본 성을 얻었다. 곧 미국인 윌리엄 메렐 보리스는 일본인 히토츠야나기 메레루一柳米來留가 되었다. 그렇게 귀화를 해도 주변 사람들은 여전히 보리스를 적성국 국민으로 대했으며, 헌병대는 보리스를 감시하고 신사참배를 강요했다.[94]

전쟁 앞에서 인심은 한순간에 돌아섰다. 편견과 차별에 시달리던 보리스 부부는 결국 오미하치만을 떠났다. 전쟁이 일어나기 전 여름이면 직원들과 함께 와서 지내던 가루이자와軽井沢에서 이번에는 다른 선교사들과 유폐 생활을 시작했다. 가난과 고립 속에서 보리스가 매달린 것은 음악과 시詩를 짓는 일이었다.

전쟁이 끝나자 그동안 숨죽였던 오미형제사는 다시 일어섰다. 군국주의가 벌겋게 달아올랐던 일본 사회에 민주주의 바람이 불었고, 그 바람을 타고 보리스 부부와 오미형제사의 활동이 국내외에서 주목을 받았다. 입으로는 민주주의를 떠들지만 민주주의를 경험해보지 못한 일본인에게 오미형제사의 교육사업은 민주주의 교육의 모델로 떠올랐다. 1951년 일본 정부는 보리스에게 교육·사회사업 분야에서 공헌한 사람에게 주는 남수포장藍綬褒章을 수여했고, 1961년에는 건축사업에 대한 공헌으로 황수포장黄綬褒章을 내렸다.[95]

1958년, 오미하치만에 정착한 지 52째 되던 해에 보리스는 오미하치만의 명예시민 1호로 선정되었다. 초기에는 기독교인이라서 거부당했고, 한참 뿌리를 내린 다음에는 적성국 국민으로 몰려 추방당했던 곳이었다. 바로 그곳에서 보리스는 환영과 인정, 존경을 받는 말년을 보냈다. 보리스는 지나온 세월에 대한 보상을 받은 기분으로 행복했을까?

보리스는 1951년부터 자서전을 쓰기 시작했다. 그런데 그가 붙인 자서전 제목은 《실패자의 자서전》이었다. 시련과 고난의 시간이 지나가고 세상의 인정과 일본 정부의 표창까지 받았는데 실패자라니. 자신의 소명에 충실했던 그는 왜 스스로를 실패자라 불렀을까?

ヴォーリズを発見する旅、近江八幡へ行こう。

ウィリアム・メレル・ヴォーリズ

ヴォーリズ・メモリアル in 近江八幡
-W.M.ヴォーリズ没後50年記念企画展-

2014年10月4日(土) 〜 11月3日(月・祝)

50 VORIES

ヴォーリズ建築第一号 アンドリュース記念館
(旧八幡YMCA会館)

米国より来りて留まりこの地に理想郷を目指した人

日本中に1500以上の建築物を設計したウィリアム・メレル・ヴォーリズは、伝道、医療、教育、製薬新事業、音楽や舞台、国際交流など幅広い分野にもたいへん多くの実績を残しています。滋賀県近江八幡ゆかりのヴォーリズ、没後50年のこの機会に、彼の生涯や功績等を知りそこに流れる「いのちへの眼差し」に触れてみませんか。

【会場】近江八幡旧市街と安土のヴォーリズ建築 (町中分散展示会場)
【開館時間】9:00〜16:30(ご入館は16:00まで) 期間中無休
【入場料】一般券 1500円　前売り券・団体券(20名以上)・大学生当日券1200円
大学生前売り券1000円　市民協力券500円　高校生以下無料
【公式ホームページ】www.vories.jp　**【E-mail】**50@vories.jp
【実行委員会事務局】〒523-0864 滋賀県近江八幡市為心町元9 白雲館内

主催：ヴォーリズ没後50年記念事業実行委員会

後援・協賛・協力／助成：神戸米国領事館　一般社団法人日本学会　一般社団法人全国日本学会　公益社団法人日本建築家協会　公益社団法人日本建築士会連合会
一般社団法人日本建築学会　滋賀県　滋賀県教育委員会　近江八幡市教育委員会　近江八幡商工会議所　一般社団法人近江八幡観光物産協会　一般社団法人
ハートランド推進財団　滋賀YMCA　近江兄弟社グループ　株式会社カルモ　大阪ガス株式会社　オリンパスイメージング株式会社　エレコム株式会社　学校法人神戸女学院
同志社大学　学校法人関西学院　滋賀県立八幡商業高校　NPO法人ヴォーリズ精神継承委員会　NPO法人ヴォーリズ建築を守る市民の会　近江八幡観光ボランティアガイド協会
サイズメンズクラブ　近江八幡おむじ連　株式会社エバンジェリスト

1945년 일기에서 보리스는 오미형제사를 실패한 것으로 평가했다. 수입은 적었지만 신앙의 순수성과 사람들과 밀접한 교류가 있었던 초창기가 오히려 성공적이었다고 보았다. 오미형제사 지도부에서 불거진 신앙 문제도 한몫했다. 오미미션부터 오미형제사에 이르기까지 핵심 멤버들은 보리스가 만든 성경연구회를 통해 독실한 기독교인이 된 상업학교 제자들이었다.

그 든든한 오른팔들이 전시체제 분위기에 휩쓸려 한때 일본적인 기독교를 주창한 적이 있다. '서구 색채가 있는 교리는 일본인에게 적당하지도 않고 불필요하기 때문에 일본 색채와 요소가 담긴 일본적 기독교로 바꿔야 한다.' '외국의 물질적 지원도 배제해야 한다.'[96] 이런 주장들은 일본 건축계에서 제관양식이 힘을 발휘할 때 나오던 목소리와 같은 논리였다.

어쩌면 보리스에게 가장 큰 시련은 지역 주민이 자신을 거부했을 때가 아니라 자신과 함께 같은 길을 걸어온 사람들이 변심했을 때가 아니었을까. 그들의 변심에서 배신감보다 깊은 허무를 느꼈고, 그래서 스스로를 '실패자'로 규정한 것이 아닐까.

1964년 보리스는 7년간의 투병 생활 끝에 여든네 살의 나이로 영면했다. 장례식은 오미형제사 사장社葬과 오미하치만 시의 시민장市民葬으로 치러졌다. 보리스의 유골은 오미미션이 세웠던 공동납골당에 안치되었다.

오늘날 오미하치만은 보리스의 도시가 되었다. 보리스와 오미형제사의 사업들은 계속 이어져오고 있다. '공익재단법인 오미형제사'는 선교, 출판, 병원 사업을 유지해나간다. '학교법인 보리스학원'은 유치원부터 고등학교까지 교육사업을 벌이고, 보리스 시절에 미국에서 수입한 '멘소레담'으로 큰 이익을 거둬들인 '오미세일즈주식회사'는 의약품을 제조하고 판매하는 '주식회사 오미형제사'로 바뀌었다.

보리스건축사무소는 '한알사보리스건축사무소一粒社ヴォ―リズ建築事務所'라는 이름으로 오사카(본사), 도쿄, 후쿠오카에서 예전처럼 교회, 학교, 복지, 주택 분야의 건축사업을 진행 중이다. 전쟁 당시 군부에 몰수되어 육군병원으로 사용되었던 오미요양원은 보리스기념병원이 되었다.

보리스가 설계한 건물들은 아직까지 오미하치만에 남아 있다. 지역 건축가와 주민들은 자발적으로 보리스건축보존운동을 벌인다. 2007년에는 홋카이도에서 야마구치 현까지 약 20개 단체가 참가해 '보리스건축문화 전국네트워크'를 설립했고, 2014년 가을에는 한 달 동안 '보리스 서거 50주년 기념 기획전'과 건축 투어가 열렸다. 보리스의 생애를 다룬 만화책도 출판되었다.

그 가을 어느 날, 오미하치만의 파란 하늘 위에서 파란 눈의 청년이 해맑은 미소를 짓고 있었을지도 모르겠다. 100여 년 전 차가운 바람이 부는 외딴 시골 역에서 지독한 외로움을 느꼈다던 그 청년은 비로소 자신이 실패자가 아니었음을 깨달았을까.

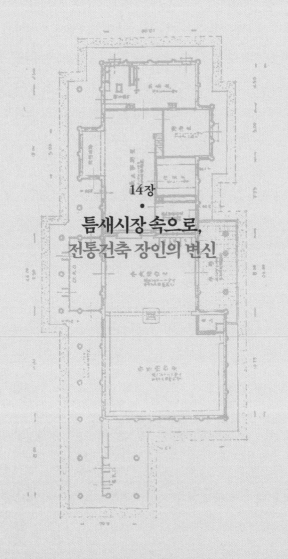

14장
·
틈새시장 속으로,
전통건축 장인의 변신

"이놈아, 목수과가 뭐냔 말이야!"

"그게 아니고, 이건 요즘 신학문으로 해서 새로운 건축 자재와 새로운 기술로 엮어놓는 건축술이지, 뭐, 나무로 짜 대고 이런 거는 아닙니다. … 얘가 지금 하려고 하는 건 새로운 그, 발전된 걸 하려고 하는 거니깐, 그렇게 보시면 안 됩니다."

"그래 좋다. 새로운 거라니깐 내가 양보를 하지."[97]

장기인은 경성고등공업학교 건축과에 진학하려 했다. 부친은 건축과를 목수과로 생각하고 펄쩍 뛰었다. 같은 자리에 있던 장기인의 형이 건축에 대해 설명했다. 부친이 허락하게 된 결정적 이유는 건축이 새롭고 발전된 신학문이라는 것. 바꿔 말하면 부친이 생각하는 전통 목수 일은 새롭지도 발전된 것도 아니라는 뜻이었다.

장기인보다 2년 먼저 태어난 고택영은 목수가 되려고 했다. 그러자 부안의 목수조합장인 당숙부터 말렸다. 당숙이 말린 결정적 이유는 목수가 배고픈 직업이라는 것.[98] 어쨌든 고택영은 훗날 중요무형문화재 제74호 대목장이 되었다.

박경리의 《토지》에 나오는 윤보는 평사리만이 아니라 여러 지역에서도 실력을 인정받는 대목수였다. 대목수 윤보는 소속도 없이 떠돌아다니며 일했다. 나중에는 의병 활동을 하다가 일본군에게 사살되었다.

전통건축 장인에게 일제강점기는 암흑기였다. 건축 공사 발주와 설계, 감독은 총독부를 비롯한 관청이 주도했고, 시공은 일본인 건설업자가 독점했기 때문이다. 전국에 식민 통치와 운영을 위한 건물들이 세워졌다. 조선총독부, 부청사, 도청사, 경찰서, 병원, 학교, 은행, 우편국, 공회당, 상공장려관, 박물관, 철도역사…. 형태는 르네상스풍의 서양 고전 양식이 많았고, 나중에는 서구 모더니즘 건축이 유행했다. 구조는 목구조가 아닌 석조, 벽돌조, 철근콘크리트조, 철골조였다. 구조가 받쳐주니 건물은 갈수록 커지고 높아졌다. 목구조 전통건축에 종사하던 장인들이 끼어들 틈은 없었다. 나라가 망한 마당에 궁궐을 지을 일도 없었고, 일본 신사가 서는 마당에 사찰을 지을 일도 없었으며, 상류층에서 서양식 문화주택이 유행하는 마당에 한옥을 지을 일도 없었다. 근대건축 교육을 받은 조선인 건축가들은 재래주택 개량이니 폐지니 하면서 전통건축에 비판적이었다. 지배층은 전통문화를 비하했고, 지식인들은 신학문과 신문명에서 민족의 활로를 찾으려 했다. 대중은 대중대로 신문물과 신문화를 동경했다. 그 신新은 서구를 의미했다.

이래저래 전통건축 장인은 갈 곳이 없었다. 제도적으로는 막혀 있었고 경제적으로는 수요가 적었으며 사회적으로는 소외되었다. 위에서도 아래에서도 옆에서도 그들을 원치 않았다. 당장 생계를 해결하려고 각종 건설이나 토목공사장의 일용 노동자가 되었다. 드물지만 고택영처럼 전통 장인의 문하생이 되어 전통건축의 명맥을 유지하는 경우도 있었다. 일부 장인은 사찰 보수공사를 따라 산속으로 들어갔다.

하지만 그게 다가 아니었다. 전통건축 장인은 식민지화와 근대화의 일방적인 희생자로 끝나지 않았다. 변화하는 사회의 틈새시장을 파고들며 그들 나름의 생존 능력과 경쟁력을 키워나갔다. 그것도 식민지화와 근대화의 문제가 첨예하게 드러나는 경성의 한복판에서 말이다.

1920년대 초부터 생소한 회사들이 생겨나기 시작했다. 홍린건물회사, 토지가옥주식회사, 조선건물주식회사, 조선토지경영주식회사, 목포토지합자회사, 해운대온천합자회사…. 대형 필지를 사서 작은 필지로 나눈 다음 여러 채의 한옥을 만들어 팔거나 임대하는 회사였다.

남루한 초가집이 다닥다닥 붙어 있을 것 같은 시대에 건설과 임대사업까지 하는 부동산 개발회사라니, 설마 지금의 아파트 분양 열기 같을까 싶겠지만 실상은 의외다. 심심풀이 삼아 복덕방을 시작했던 사람조차 떼돈을 벌 정도로 없어서 못 팔고, 있으면 불티나게 팔리던 '주택 상품'이었다. 왜 그랬을까?

1920년 회사령이 폐지되자 경성에는 각종 회사와 공장이 속속 들어섰다. 몰락한 농민층과 젊은이들이 일거리를 찾아 경성으로 몰려왔다. 일본 이주민도 급증했고 지방 부호들도 앞다퉈 상경했다. 1920년 24만여 명이던 경성 인구가 1930년에는 35만여 명으로, 1940년에는 93만여 명으로 늘어났다.[99]

문제는 인구 증가율을 도무지 따라가지 못했던 주택 보급률이었다. 주택난은 사회문제가 될 정도로 심각해졌다. 요즘의 고층 아파트는 아니지만, 어떤 식으로든 대형 필지에 대단위 주거단지를 건설해 대량으로 공급하는 시스템이 필요했다.

'좀더 많이 생산하고 좀더 저렴하게 공급해 주택난을 완화하자!' 이런 식의 슬로건을 내건 개발회사들이 등장한 배경이다. 언제나 공급이 수요를 따라갈 수 없는 현실에서 개발회사는 호황을 누렸고 업체는 점점 늘어났다. 경성 인구가 급증했던 1930년대는 더욱 그랬다.

그런데 왜 하필 한옥이었을까? 서구 문물에 혹하던 세태를 좇아 소형 문화주택을 만들면 더 잘 팔리지 않았을까? 해답은 바로 경제성에 있었다. 당시 여건에서 목조 한옥은 벽돌조 문화주택보다 건축 비용이 저렴했다. 문화주택을 짓는 데 필요한 기술을 가진 인부보다 한옥을 지을 수 있는 인부의 인건비도 낮았다. 주재료인 목재도 공장에서 규격화해 생산하면 작업 효율성이 높아져 공사 기간을 줄일 수 있었다.[100] 인건비 절감, 공기 단축은 곧 건축비 감소와 이윤 증가를 뜻했다.

다른 이유도 있었다. 조선인 개발업자 입장에서 한옥사업은 일본인이 판치는 건축업계에서 그나마 경쟁력이 있었다. 구매자를 따져 봐도 한옥은 문화주택보다 훨씬 대중적이었다. 서양식 문화주택을 향유할 만한 라이프스타일과 소비 능력을 가진 사람은 어차피 소수였다. 1930년대 잡지에 실린 문화주택촌의 삶은 차라리 먼 나라 동화 같다.

> 클래식하게 지은 파란 이층 양관에 유리창이 반쯤 열리고 보랏빛 커튼이 벌려 있는 곳에서 '발비' 청춘소곡(피아노)을 어느 아씨가 솜씨 좋게 치는 것이다. 그러자 뒤에서 뿡 하는 경적 소리가 난다. 놀라 돌아보니 37년식 시보레 자동차 한 대가 미끄러지듯이 굴러온다.[101]

문화주택보다 구매층이 한층 두터운 소형 한옥은 사고팔기도 쉽고 임대료도 챙길 수 있는 현실적인 주택이었다. 드디어 그동안 공식 무대에서 쫓겨난 전통건축 장인이 다시 등장할 차례가 왔다.

이제 전통건축 장인이 지을 건축은 더이상 궁궐도 사찰도 대갓집도 아니었다. 식민지 근대도시에서 중산층과 서민이 거주할 소형 한옥이었다. 특정한 대상이 아닌 불특정 다수가 살 집으로 말이다. 전통의 정통성은 더이상 소용이 없었다. 전통과 근대를 결합해 새로운 도시주택 유형을 만들 융통성과 대중성을 발휘할 때였다. 그렇게 나온 것이 바로 개량된 도시형 한옥이었다.

도시형 한옥은 배치 방식부터 전통 한옥과 차이가 있었다. 전통 한옥은 지형에 순응하며 자연스럽게 배치되지만 도시형 한옥은 자로 잰듯 분할된 격자형 패턴 위에 반듯하게 자리잡았다. 좁은 대지를 최대

대규모로 들어선 도시형 한옥.

삼선동에 위치한 이층한옥상가.

한 효율적으로 사용하기 위해 마당을 가운데에 두고 한옥을 ㄱ자형, ㄷ자형, 튼 ㅁ자형(사랑채와 행랑채가 있는 ㄱ자와 안채의 ㄴ자가 마당을 중심으로 ㅁ자 모양으로 배치된 형태)으로 놓았다.

한옥 자체에도 변화가 생겼다. 도시형 한옥은 툇마루와 대청마루에 유리로 된 미서기문을 달아서 실내 공간으로 사용했다. 전통 한옥이라면 창호지를 바른 분합문(대청과 방 앞에 설치해 접어 열 수 있게 만든 큰 문 또는 대청 앞에 드리는 네 쪽으로 된 긴 창살문)을 달았을 터였다. 전통 한옥에서 여름철이나 큰 행사가 있을 때 분합문을 접어 올리면 맛볼 수 있는 시원한 개방감이 도시형 한옥에는 없었다. 대신 실내 생활 면적은 좀더 넓어졌다. 벽돌, 함석, 유리 같은 새로운 건축 재료도 사용되었다.[102]

도시형 한옥은 수평 방향이나 수직 방향으로 확장돼 또다른 유형을 낳기도 했다. 수평 방향으로 확장된 경우가 '연립한옥'인데, 작은 규모의 ㄷ자형 한옥이 벽을 공유하고 지붕은 연속되어 있는 형태다. 1929년경 종묘 서측 담장 근처 봉익동 12번지에 개발된 대지 30평에 건평 16평짜리 한옥 주거지가 '연립한옥'이었다.

수직 방향으로 확장된 경우는 '이층한옥상가'였다. 조선시대 시전행랑이 있던 남대문로나 종로, 돈화문로에 이층한옥상가가 들어섰다. 보문동처럼 새로 조성된 도시 주거지에는 가로변을 따라 세워졌는데, 이층한옥상가의 분포는 상업 용도를 반영하듯 대체로 경성부의 전차노선과 일치했다.[103] 단순히 한옥을 이층으로 만든 것이 아니라, 서양식이나 중국식과 절충하기도 했다. 벽돌조 벽체와 기와지붕에 아치 창문이나 그리스풍 기둥이 설치된 한양절충식도 생겼고, 중국식 장식으로 치장한 한중절충식도 탄생했다.

시기에 따라 도시형 한옥의 위치나 규모, 소비층도 달랐다. 1930년대 중반까지는 주로 도심부인 북촌 일대가 개발되었다. 개발 회사는 몰락한 왕실 종친과 벼슬아치들이 소유했던 대형 필지를 사서 작은 필지로 나눈 뒤 도시형 한옥을 지었다. 가회동 한옥이 대표적인데, 다른 지역보다 고급형 한옥이 많았다. 주된 소비층이 서민이 아닌 지방 부호라서 중대형 필지도 있었고 한옥 평면도 다양한 편이었다.[104]

1930년대 후반의 도시형 한옥은 토지구획정리사업이 시행된 안암동과 보문동 같은 주변부에 많이 개발되었다. 토지구획정리사업으로 생긴 격자형 가로체계에 맞춰 건설된 주변부 한옥 지대는 도심부와 상당히 다른 분위기였다. 1943년 잡지 〈조광〉에 실린 팔보의 "서울 잡기장"이라는 글에는 이런 대목이 나온다.

내가 현재 살고 있는 이 안암정은 모조리 집장사들이 새 재목을 우지끈 뚝딱 지어놓은 것으로 그야말로 전통이 없는 개척촌과 같이 보일 수밖에 없다. 서울 살림이 자꾸 불어만 가기로 작정하니까 하는 수 없이 혹은 당연한 추세로 여기까지 살림을 분가한 것인데, 그래서 그런지 여기에 사는 다른 사람들도 대개는 식구도 단출한 단칸살이, 아들로 치면 둘째나 셋째가 살림난 지차들 … 놀라운 것은 청사진 두서너 장의 설계로 지은 집단주택이 한 번지 안에 육십호 가까이나 된다. 사

방에서 몰려와서 일제히 너는 사십호 나는 이십호로 아파-트 방 차지

하듯 … 교원, 회사원, 음악가, 화가, 각기 그럴듯한 직업을 가진 젊은

아이의 아버지들은 혹 전차 안에서라도 만나면 정답게 인사를 하면

서…105

"전통이 없는 개척촌" "청사진 두서너 장의 설계로 지은 집단주택"
"너는 사십호 나는 이십호"처럼 같은 도시형 한옥이라도 위치에 따라
한옥의 규모나 공간 구조, 생산 방식, 심지어 거주자의 직업과 연령대
까지 달랐다. 도시형 한옥은 경성만이 아니라 전주, 대구 같은 다른 지
역 도시에도 나타났는데, 그 지역 민가에 따라 한옥의 배치 형태는 조
금씩 달랐다.

한옥의 변화는 농촌에서도 일어났다. 일제는 경제 수탈을 목적으로
근대화사업을 벌였고, 읍면 단위에서 직접 통치하는 식민지배정책을
실시했다. 농촌 인구의 절대다수인 농민들의 삶은 무너졌지만, 그 와
중에도 신흥 경제세력이 성장했고 읍면을 중심으로 새로운 지배층이
등장했다.

전통적인 유교사회와 신분질서가 해체되는 과정은 농촌 한옥에도
반영되었다. 공간의 위계질서나 권위적인 장식 대신 실용성과 기능성
이 중요해졌다. 평면 배치가 자유로워지고 동선이 효율적으로 변화했
으며, 기단의 높이가 낮아졌다. 전통적으로 환영받지 못하던 工자형
평면이 안채와 사랑채를 구획하기 위해 도입되었다. 강원도에서 추위

를 막기 위해 지었던 겹집이 호남 지방에서는 수납공간 같은 실내공간을 효율적으로 사용하기 위해 차용되었다. 심지어 일본식 주택과 절충한 한옥도 등장했다. 이런 변화는 주로 중인이나 평민 출신의 신흥 지주들이 주도했다.[106]

그런 한옥의 다양한 변용과 차용을 농촌에서 과연 누가 할 수 있었을까? 《토지》의 윤보가 목수 일을 따라 떠돌았듯 경성에서 활동하던 목수들도 일자리를 찾아 지방이나 농촌으로 이동했다. 그들 중에는 경복궁 중건 같은 궁궐 공사에 참여했던 '궁궐 목수'나 도제도 있었다. 최고의 전통건축을 경험했고 한옥에 능수능란한 실력자, 게다가 경성에서 외래 건축까지 목격했을 그들이라면 가능했을 것이다.

하지만 그들의 이름은 알려지지 않았다. 그들 스스로 변용과 차용을 비정통적 행위로 여겨 말하는 것을 기피했기 때문이다. 일종의 자격지심이고 그들 나름의 자존심이었다. 이른바 장인으로 불렸던 사람들의 이름은 전통의 정통성을 잇는 계보에 오른 경우에 알려졌다. 장기인이 다 배우지 못해 한限이 된다고 했던 대목장 조원재는 정통 궁궐 목수의 계보를 잇는 장인이었다. 조원재의 제자는 이광규였고, 이광규의 제자가 신응수다. 사찰공사를 많이 한 고택영과 한옥 건축을 많이 한 배희한도 조원재를 스승으로 모셨다. 그들은 각자 궁궐목수, 사찰목수, 한옥목수로서 전통건축의 명맥을 이었다.

그런데 한옥목수 배희한에 따르면, 전통건축에 입문한 장인 중에는 도시형 한옥 건설에 참여하거나 아예 직접 도시형 한옥을 지어 상당

한 재산을 모은 사람도 있었다.[107]

하긴 경성고등공업학교에서 전통건축을 배운 적이 없는 장기인이 조선공영주식회사에서 어떻게 도시형 한옥을 진행할 수 있었을까. 그가 조원재를 알게 된 것도, 전통건축에 대한 심미안을 갖게 된 것도 전통건축 장인과 교류나 협업이 있었기에 가능했다. 일설에는 장기인이 전통 목수들이 징용에 끌려가지 않도록 가짜 기술자 수첩을 만들어 준 적도 있다고 한다.[108]

그런데 여기까지 이야기에서 정작 중요한 사람이 빠졌다. 바로 도시형 한옥을 생산하고 공급했던 개발업자들, 그들은 어떤 존재였을까? 당시 도시형 한옥 하면 누구나 알 만한 사람이 있었다. 건양사의 정세권이다. 정세권은 도시형 한옥의 첫손으로 꼽히는 가회동 31번지와 33번지 일대의 한옥촌을 건설했다. 삼청동, 익선동, 봉익동, 혜화동, 성북동, 창신동, 서대문, 왕십리, 행당동 등의 한옥촌도 그가 개발했다. 그야말로 정세권은 당대 도시형 한옥사업의 대부였다.

정세권이 건양사를 설립한 이유는 일찍부터 주택 개량에 관심이 많아서였다. 그는 신문과 잡지에서 주택 개량의 필요성을 역설했고, 직접 '건양주택'이라는 개량안을 제시했다. 건양사에서 지은 한옥마다 시험 삼아 제일 먼저 들어가 살아볼 정도로 철저하게 관리했다. 정세권은 조선물산장려회, 신간회, 조선어학회를 적극 후원했는데, 나중에는 조선어학회사건으로 고문을 받고 많은 재산을 일제에게 빼앗겼다.

마종유의 마공무소, 김동수의 공영사, 오영섭의 오공무소도 도시형 한옥을 지은 회사들이다. 마종유는 일본 오미하치만에 있는 보리스건축사무소에서 일 년 동안 건축을 배운 적이 있는데, 그 경험으로 미션 관련 건축도 시공했다.

김동수는 1927년 경성고공을 졸업하고 총독부 건축과에서 근무하다가 해방 직후 공영사를 설립했다. 오영섭은 박길룡건축사무소에서 일하다가 일본으로 유학해 1941년에 일본대학 고공을 졸업했다. 그는 1937년 조선풍 주택설계현상에 1등으로 당선했고, 해방 뒤에는 형이 운영하던 오공무소에서 연립한옥을 개발했다.

이들 개발업자들의 이력을 보더라도 도시형 한옥은 그저 이윤만 좇는 '업자'들이 지어 팔던 '집장사 집'이 아니었다. 기획과 경영을 했던 개발자, 한옥 대중화에 기여한 전통건축 장인, 한옥 근대화를 계획했던 근대건축가의 합작품이었다. 도시형 한옥은 식민지 근대에서 갈등 관계에 있던 전통과 근대를 합리적으로 풀어낸 하나의 대안이었다. 도시형 한옥은 일제의 제도권에서 성장한 엘리트 건축가와 일제가 제도권 밖으로 추방한 전통건축 장인이 화합했던 공간이었다. 어쩌면 도시형 한옥은 오늘날 융합의 시대에 어울리는 크로스오버·퓨전 건축의 근대 버전이 아니었을까.

15장
•
청년 건축가의 반격,
청와와 젊은 그들

청와靑瓦. 푸르고 단단한 청기와, 직업과 어울리는 필명이었다. 이제 그 필명도 마지막이었다. 청와는 〈조선건축〉 마지막 호에 실을 원고를 쓰고 있었다. 원고 제목은 "창간 2주년의 회고와 비판"이었다.

　〈조선건축〉은 '조선건축기술단' 기관지였다. 1947년 3월에 창간되었는데, 건축 전 분야를 다룬 유일한 건축 전문 잡지였다. 조선건축기술단은 1945년 9월 1일 결성되었다. 건축 설계, 구조, 시공 등 건축의 모든 분야 사람들이 참여한 남한의 대표 건축단체였다.

　건축단체도 결국 사람의 일이었다. 해방의 기쁨과 다짐은 시간이 흐르면서 변덕스럽게 바뀌었다. 〈조선건축〉이 창간된 직후 조선건축기술단은 '조선건축기술협회'로 개편되었다. 전국 조직으로 확대되면서 진보 성향의 젊은 건축가들이 협회를 주도했다. 〈조선건축〉에 '민주주의적 인민건축'을 주장하는 기사들이 점점 늘어났다. 보수적인 선배 건축가와 진보적인 후배 건축가 사이의 갈등은 갈수록 깊어졌다. 파국이 보이기 시작했다.

창간 2주년의 회고와 비판…. 청와는 지난 호 기사들을 다시 읽어보았다. 할 말이 많았다. 그 말들을 다지고 다져 하나씩 써내려갔다.

"조선건축의 전망"이니 "현 단계의 건축가의 진로"니 하는 피상적인 테마의 그 논설은 읽는 자로 하여금 유감의 비애를 주는 것 외에 아무런 자극도 없었다. 이는 집필자가 과거 건축계의 선배 인사였던 만큼 그 정도는 심하였다. 과거 조선 사람들은 동방예의지국이라 하여 후배는 선배의 언동에 전적으로 맹목적인 찬동을 해오던 악습이 있었다. 좀더 과학적인 관념으로 위의 논설을 읽은 젊은 건축가들은 그때까지 숭배해오던 그들 선배에 대하여 급격히 냉정해지며 기대에 어긋나는 느낌을 어찌할 수 없었다.[109]

"조선건축의 전망"은 일제강점기에 조선인 최초로 와세다대학 건축학부를 졸업했고, 조선인 최초로 철도국 기사로 승진했으며, 해방 후에는 장관직만 다섯 번을 한 김윤기의 글이었고, "현 단계의 건축가의 진로"는 경성고공 수재였으며 일본인도 들어가기 어렵던 남만주철도주식회사에 합격한 이천승의 글이었다. 청와가 숭배해오던 선배들에게 '유감의 비애'를 느낀 것은 관념의 문제만은 아니었다. 청와는 그날의 기억을 떠올렸다.

1947년 〈조선건축〉 제3호가 편집되고 있을 때 덕수궁에서는 미소공동위원회가 열리고 있었다. 국민 모두가 미소공동위원회에 이목을 집중했고, 민주주의 남북통일 정부를 갈망했다. 당연히 건축가들도 그 문제에 대한 의견이나 입장을 〈조선건축〉에 내놓을 터였다.

얼마 후 나온 〈조선건축〉 제3호 표지에 "8·15 기념호"라는 말이 가로로, "조선완전자주독립만세"라는 말이 세로로 선명하게 찍혀 있었다. 청와는 반가운 마음에 잡지를 빠르게 훑었다. 권두언, 건축가의 사명, 건축사를 논함, 조선건축사개론, 조선 가옥 일반구조, 건축경제사의 일고찰, 건축경영의 사회화, 건축과 주住의 비중, 금자탑, 제주도의 편상片想, 미국 잡지 초역, 신라 예술과 노예와의 관계, 고려시대의 토목 노동, 건축술어 제정 보고, 그리고 편집 후기….

그게 다였다. 잡지 내용은 평소와 다를 게 없었다. "8·15 기념호"는 어디에 있고, "조선완전자주독립만세"는 또 어디에 있단 말인가? 왜 침묵하는가? 청와는 속에서 천불이 났다. 그 천불이 되살아나 종이 위를 달렸다.

> 대중 속에서 인민과 더불어 자라날 건축가가 이러한 시기에 침묵을 지킨다는 것은 결국 과거 악정시대의 온실에서 자라나던 평범하고도 무능한 그 관념에서 별다른 진보가 없었다는 것을 의미하는 것이 아닐까 한다. … 조국은 문화인의 자각을 촉구한다. 조선의 건축가도 모든 문화인과 더불어 자기반성과 자기비판을 할 때가 왔다.[110]

결국 〈조선건축〉은 1949년 5월 제9호를 끝으로 폐간되었다. 1949년

朝鮮建築技術協會機関誌

朝鮮建築

8.15記念號

朝鮮完全自主獨立萬歲

朝鮮建築技術協會刊行
（舊朝鮮建築技術團）

〈조선건축〉"8·15 기념호".

12월에는 선배 건축가들이 '조선건축기술협회'를 해체하고 1950년 1월 '대한건축학회'를 결성했다. 새 단체는 건축문화 계몽운동이 아닌 학술적인 연구를 하겠다고 선언했다. 회원 자격도 따로 이렇게 정했다. "대한민국 국책에 위배되는 사람은 회원이 될 수 없다!"

얼마 뒤 서른 살 전후의 건축가들이 '신건축가협단'을 결성했다. 그들은 선배 건축가들이 포기한 건축문화 계몽운동을 이끌겠다고 선언했다. 그리고 몇 달 뒤 한국전쟁이 터졌다. 3년이 지나 정전이 되었을 때 청와를 닮은 사람들은 이 땅에서 사라졌다.

1930년대 전쟁이 확대되면서 일제는 건설 인력을 확충할 목적으로 그동안 꽉 막아놓았던 고등교육기관의 입학 정원을 이공계부터 풀기 시작했다. 그러나 조선에서는 아무리 입학 정원이 늘어나도 조선인 지원자들에게는 새발의 피였다. 고등교육기관이 절대적으로 부족했기 때문이다. 자연스럽게 일본 유학 붐이 일어났다. 1930년대 후반부터 경성고등공업학교만이 아니라 일본 대학에서도 건축을 전공하는 조선인이 부쩍 늘었다.

일본의 학제는 학부, 전문부, 고공(고등공업학교), 공업학교 순이었다. 같은 대학 안에 학부, 전문부, 고공 과정이 따로 있었고 입학 자격도 달랐다. 조선인 건축 전공자는 도쿄공업대학, 와세다대학, 일본대학, 요코하마고공, 오사카공업대에 많았다. 그중에서 일본대학에 가장 많았는데, 학부 과정보다는 전문부와 고공에 몰렸다.

그 시기 일본의 대학 건축과에는 사회주의 바람이 불었다. 프롤레타리아 건축론과 유물사관 건축사가 대학가에서 반향을 일으켰다. 조선인 유학생이 많았던 일본대학 건축과에도 사회주의 성향의 교수가 있었다. 1940년대 초에 일본대학 전문부를 졸업한 김태식, 고공을 졸업한 오영섭과 성낙천 등이 그 영향을 받았다.

일본 유학을 가지 않더라도 그 바람은 조선에 있는 청년 건축가들에게도 불었다. 1941년 경성고공을 졸업한 이홍구가 〈조선건축〉에 쓴 "건축사개론"은 니시야마 우조西山夘三의 〈건축소사建築小史〉를 요약해 서술한 것이었다.[111]

니시야마는 교토제국대학 건축과 학생 시절부터 마르크스주의에 공감했다. 그 무렵은 일본의 젊은 건축가들이 한창 근대건축단체를 조직할 때였다. 1920년 도쿄제국대학 건축과 졸업생들이 '분리파건축회'를 결성한 뒤 1923년에는 체신성 영선과 기사들이 '창우사倉宇社'를 조직했다. 둘 다 신건축운동을 선언했지만 분리파건축회는 아카데미즘 성격이 강했고, 창우사는 사회주의 성향이 진했다.

1930년 창우사 지도자가 '신흥건축가연맹'을 결성하면서부터 사회주의 입장을 표방하는 단체들이 늘어났다. 청년건축가연맹, 건축과학연구회, 청년건축가클럽 들이 생겼다가 정부의 탄압으로 해체되는 과정이 반복되었다.[112]

니시야마는 청년건축가클럽 소속이었는데, 병역 기간 중에 그 조직이 적발되는 바람에 군법에 회부되었다. 그 후 니시야마는 대학원에 진학해 건축학자의 길을 걸었다. 니시야마처럼 1920~1930년대에 근대건축운동을 하다가 현실에서 깨져버린 세대가 학술적으로 무장한 다음 재등장한 때가 1930년대 후반과 1940년대 초반이었다. 일본에서 건축을 공부하는 조선인이 급증하던 시기도 그때였다.

그런데 조선의 청년 건축가들의 앞날에는 학교에서 배운 부르주아와 프롤레타리아의 계급 모순만 있는 것이 아니었다. 제국과 식민지, 전쟁과 경기 침체라는 날카로운 현실 문제도 그들을 옥죄었다.

1930년대 후반을 기준으로 건축 교육을 받은 선배와 후배 세대의 의식과 삶도 무척 달랐다. 선배 건축가는 민족 차별은 받았지만 경성 고등공업학교를 졸업하면 총독부나 경성부청, 평양부청, 전남도청 같은 곳에 취직할 수 있었다. 일본이라면 치를 떠는 사람도 내심 그곳에 취직한 자식을 가문의 영광으로 여길 만큼 선망했다. 그런 세태도 세태였지만, 건축가에게 관청의 건축조직은 조선에서 보기 힘든 첨단 건축술을 배울 수 있는 곳이기도 했다.

후배 건축가는 안정된 직장은 둘째 치고 당장 군수산업체라도 들어가야 징용을 피할 수 있었다. 선배 건축가는 건축 현장에서 첨단 건축술을 배웠지만, 후배 건축가는 군수산업체에서 공장 노동자 주택을 짓거나 격납고를 만들었다. 이상은 멀고 현실은 초라했다.

해방이 되고 나서도 선후배의 여건은 달라지지 않았다. 총독부 건축조직에 있던 선배는 미군정 건축조직으로 연결되었고, 이미 총독부를 그만두고 건축사업을 했던 이들은 토건업을 하며 미군 관련 공사를 맡았다. 민간 공사가 거의 없는 전시 상황에서 후배는 제대로 된 직장을 구하기 어려웠고, 학교에서 강의를 하거나 소속 없이 몇 안 되는 현상설계에 매달렸다. 영어를 잘하거나 미군과 인맥이 있으면 그나마 기회가 왔다.

선후배 사이를 가르는 교육 환경의 차이, 실무 경험의 차이, 관료 기술자와 민간 건축가의 차이, 이념의 차이는 현실에서 주류와 비주류, 기득권의 갈등으로 달아올랐다. 한국전쟁은 그 다양한 차이를 싹둑 잘라 이쪽은 남으로, 저쪽은 북으로 물리적으로 갈라놓았다.

건축가들도 월북을 하고 월남을 했다. 주로 〈조선건축〉에 사회주의 성향의 글을 썼던 젊은 건축가들이 단독정부 수립과 한국전쟁을 전후로 월북했다. 대부분 1940년대 초반에 학교를 졸업한 이들이어서 건축 작품은 남아 있지 않다.

1941년 경성고공을 졸업한 이홍구는 조선건축기술단 직원으로 있다가 월북했고, 전창옥은 전쟁 전에 월북했다가 인민군으로 서울에 들어온 적이 있다. 서울대 교수진이었던 김면식, 강상천, 염창현, 황의근도 월북한 건축가들이다.

1941년 일본대학 고공을 졸업한 오영섭은 다른 월북 건축가와 달리 건축 작품이 남아 있다. 일본 유학을 가기 전에 박길룡건축사무소 직원으로 일했고, 1937년 '조선풍 주택설계현상'에서 1등으로 당선되기도 했다. 해방 뒤에는 그의 형이 운영하는 오공무소에서 설계를 담당했다. 1947년 '서울만물전 현상설계'에서도 가작을 했고, 그가 설계한 도시

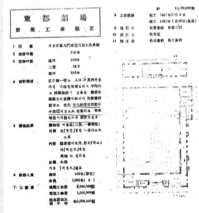

〈조선건축〉에 실린 오공무소 광고와 오영섭의 작품.

형 연립한옥은 〈조선건축〉 광고란에도 나왔다. 오늘날 원로 연극인들이 추억의 장소로 기억하는 돈암동 동도극장이 오영섭의 작품이다.

1942년 일본대학 고공을 졸업한 성낙천은 1945년 '국민주택설계공모'에서 가작을 했고, 1947년 '서울만물전 현상설계'에서는 3등을 차지했다. 성낙천은 월북은 하지 않았지만 한국전쟁 이후 극단적인 반공 분위기 속에서 시달리다가 결국 이민을 떠났다. 1960년대 가톨릭단체에서 주관한 브라질 영농 이민이었다. 브라질에 정착한 그는 건축이 아닌 한방 계통에 종사했다고 한다.[113]

월북 건축가들의 후일담은 거의 없다. 1992년 북한 건축가 김영성이 귀순하면서 그나마 약간의 사연이 알려진 게 전부다. 황의근은 김책대학 교수가 되었고, 염창현은 자유주의 사상을 가졌다는 이유로 지방으로 좌천된 뒤 숙청되었다. 1939년 경성고공을 졸업한 노식은 평양도시설계사업소 소장으로 있다가 종파분자로 몰려 수용소로 끌려갔다.[114]

월북한 건축가가 있듯이 월남한 건축가도 있다. 1942년 와세다대학 학부를 졸업한 정인국은 평양공업대학 건축학과 교수로 지내다가 1·4후퇴 때 월남했다. 해방 직후 소련에서 설계한 김일성종합대학 공사 현장 총책을 맡았는데, 완공 뒤 건물이 부동침하(건물이 비스듬하게 침하하는 현상)하는 바람에 체포된 적이 있다. 정인국이 월남하게 된 계기는 그 사건보다는 지주 집안이라는 출신에 있었다. 월남하고 나서는 서울대 강사와 상동광산 건축계장을 거쳐 홍익대학 건축과 교수로 채용되었다.[115]

김중업은 해방 직후 북한의 '공산청년동맹'에서 활동했고 '북조선건축연맹' 창설에도 참여했다. 그런 그가 월남한 이유는 김일성에 대한 반감 때문이라고 알려졌다. 월남 뒤에는 '대한건축학회'에 대항하는 '신건축가협단' 결성에 주도적인 역할을 했다. 한국전쟁 중에 이탈리아에서 열린 세계예술가대회에 한국 대표로 참가했다가 르코르뷔지에의 파리 사무소에서 일하게 되었다. 그 경험으로 김중업의 건축은 비약적인 발전을 하게 되고, 이후 김수근과 함께 한국 건축의 거목으로 자리매김하게 되었다. 명보극장(1956년), 서강대학교 본관(1958년), 주한프랑스대사관(1960년), 제주대학 본관(1964년), 부산 UN묘지 정문(1966년), 3·1빌딩(1969년), 올림픽공원 상징조형물(1988년) 들이 그의 작품이다.

자발적인 월남이나 월북과 달리 전쟁 영화에나 나올 법한 참사도 있었다. 경성고공 선후배 사이인 유상하, 이한철, 김동수가 그랬다. 사람과 술을 무척 좋아하고 건축단체에 헌신적이던 세 단짝은 한꺼번에 유명을 달리했다. 해방 전 경성부청에서 일했던 유상하는 평안북도 출신이었는데 해방 후 반공단체인 서북청년회 간부라는 이유로 인민군이 삼청공원으로 끌고 가 학살했다.

이한철은 해방 전후 경기도청 소속이었고 조선 고건축 연구의 일인자로 통했다. 전쟁 직후 피난을 가지 못한 채 아현동 자택에 있었는데 국군의 수도 입성을 환영하러 나갔다가 유탄에 맞아 절명했다.

해방 전 총독부에서 근무했던 김동수는 해방 직후 공영사를 운영하며 도시형 한옥을 짓다가, 정부 수립 후 국방경비대 시설장교가 되었

김중업이 설계한 서강대학교 본관.

다. 인민군은 김동수가 장교라는 이유로 가족 전부를 일렬로 세워놓고 총살한 다음 자택 우물에 던졌다. 그때 김동수의 목숨은 끊어지지 않았지만, 가족이 다 죽은 것을 알고 결국 우물에 투신했다.[116]

반대의 경우도 있었다. 1946년에 개설된 서울대 건축공학과에 입학한 노영호는 남로당 빨치산 총대장이 되었는데 지리산 공비 토벌 때 사살되었다.[117] 동족상잔과 골육상쟁의 한국전쟁은 가까운 곳에서 더욱 참혹한 모습이었다. 소설가 박완서는《그 많던 싱아는 누가 다 먹었을까》에서 이렇게 말한다.

> 저기 빨갱이가 간다는 뒷손가락질 한 번으로 그 자리에서 총을 맞고 즉사한 사례도 있었다. … 고발과 밀고가 창궐했다. 고발당할까봐 미리 고발하는 수도 있었다. 따지고 들어가면 공산 치하에서 살아남았다는 것도 죄가 될 수 있었다. … 그래서 자랑스러운 반공주의자 내에서도 도강파渡江派라는 특권 계급이 생겨났다.[118]

마을에서만이 아니라 같은 분야의 전문가 집단에서도 그랬다. 미술계는 인민군 치하에서 잔류파가 우익계 미술가들을 숙청하려 했고, 서울 수복 뒤에는 도강파가 잔류파를 심사하는 등 보복과 처벌이 잇따랐다.

건축계는 좀 달랐다. 다른 분야처럼 해방 공간에서 좌우 이념 갈등이 있었고 그 갈등으로 건축단체가 해체되기도 했지만, 그것 때문에 전쟁 중에 서로에게 보복을 하거나 처벌하지는 않았다. 전쟁이 일어난 직후 서울에서 피난을 간 도강파와 피난을 가지 못한 잔류파 사이의 처절한 복수전은 건축가들 사이에 없었다는 이야기다. 살벌한 고발은 커녕 오히려 보호해주는 모습을 보이기도 했다.

김태식은 한국전쟁이 터지자 건축가 수십 명과 기차를 타고 북한에 갔다가 반동으로 몰려 다시 부산으로 내려온 적이 있다. 또 오영섭, 이희태와 함께 인민군 옷을 입고 돌아다니기도 했다. 강명구는 그런 김태식이 잡혀 있을 때 여러 번 꺼내주었고 성낙천의 신원보증까지 서주었다. 반대로 김희춘이 인민군에게 체포되었을 때는 이홍구의 도움으로 석방되기도 했다.[119]

월북 건축가를 회고하는 원로 건축가의 감정도 증오나 원한과는 거리가 멀다. 이홍구와 비슷한 시기에 경성고공을 다녔고 조선건축기술단 활동을 했던 송민구는 이렇게 말했다.

이홍구 군은 타고난 미성으로 항상 모임이 있으면 노래를 불러주었다. … 회지를 편집하고 광고를 모집하러 여기저기 땀을 흘리며 쫓아다녀 회지도 3회인가를 간행하느라 애를 쓰던 이홍구 군이 사실은 좌익에 가담하고 있었다는 것을 9·28 수복 후 상경하여서야 알았다.[120]

송민구가 기억하는 이홍구는 전형적인 좌익 이미지와 거리가 멀다. 이홍구가 좌익이라는 것을 한참 후에 안 것도 평소 이념 갈등이 그만큼 표면화되지 않았기 때문이다. 피난지 부산에서 좌우익 건축가들이 섞여 지내는 일상에는 좌우익의 서슬은 보이지 않고 동고동락하는 장면이 떠오른다. 건축가 강명구는 이렇게 회고한다.

거기서 건축쟁이라고 모인 사람들이 엄덕문, 조병섭, 김태식, 김희춘, 이희태 등이었어요. 할 일도 없으니까 매일 다방에 모였지요. 평소 건축인을 아껴주던 피난지 교통부 시설국장 김윤기 씨가 주선해서 UNKRA와 관계된 한국난민주택, 교육시설 등의 설계를 하게 됐지요. … 그때부터 군수물자에 끼어 외국 건축잡지가 처음 흘러 나왔어요. 그전에는 일본 잡지나 겨우 봤지요. 다방에 모여 함께 보며 나름대로 토론까지 시작한 거예요. 멋있다든지, 신비롭다든지 하는 정도의 서로의 주관적 견해만을 얘기했어요.[121]

훗날 엄덕문은 이런 질문을 받은 적이 있다. 다른 분야에 비해 왜 그 시절의 건축가들은 좌우익의 적대감이 적었냐고. 여든다섯이 된 엄덕문이 대답한 내용을 정리하면 이렇다.

우리 세계는요. 건축이면 다 융합이 됩니다. 당시는 건축한다는 사실만으로도…. 사상은 크게 좌우하는 게 아니었어요. 우선 사람이 몇 안 되고, 외롭고…. 옛날에 건축쟁이가 얼마나 서럽게 큰지 압니까? 대학까지 나온 사람들도 건축쟁이들은 목수나 미장이인 줄 알아요.

설계비는 종이 몇 장에 연필 한두 자루면 된다고 생각해요. 설계도 아이디어 없이 그냥 술술 저 인쇄기같이 나오는 줄 알아요. 건축이 귀하다는 것을 모르고, 작품이라는 것은 더군다나 모르고….[122]

참 이상하다. 오늘날에도 이 이야기가 전혀 낯설지 않다. 낯설기는커녕 진한 공감마저 일어난다. 세월이 그렇게 흘렀는데도 말이다. 〈조선건축〉이 폐간된 뒤 청와는 어떻게 되었을까? 그 후로 청와라는 이름은 어디에도 나오지 않았다. "조선의 건축가도 모든 문화인과 더불어 자기반성과 자기비판을 할 때가 왔다." 청와가 이 글을 쓰기 3년 전에 소설가 임화는 자기비판의 기준을 이렇게 제시했다.

자기비판이란 것은 우리가 생각했던 것보다 더 깊고 근본적인 문제일 것 같습니다. 새로운 조선 문학의 정신적 출발점의 하나로서 자기비판의 문제는 제기되어야 한다고 생각합니다. 그런데 자기비판의 근거를 어디에 두어야 하겠느냐 할 때 나는 이렇게 생각합니다. … 가령 이번 태평양전쟁에 만일 일본이 지지 않고 승리를 한다, 이렇게 생각해보는 순간에 우리는 무엇을 생각했고 어떻게 살아가려 생각했느냐고. 나는 이것이 자기비판의 근원이 되어야 한다고 생각합니다. … 남도 나쁘고 나도 나쁘고 이게 아니라, 남은 다 나보다 착하고 훌륭한 것 같은데 나만이 가장 나쁘다고 감히 긍정할 수 있어야만 비로소 자기를 비판할 수 있기 때문입니다.[123]

또 참 이상하다. 해방된 지가 얼마인데 요즘같이 이 말이 절실해지는 때가 또 있을까. 양심의 밑바닥까지 비춰보는 준엄한 성찰, 이런 자기비판과 자기반성이 바로 2016년과 2017년 겨울 광장을 뜨겁게 밝혔던 촛불이 요구해온 것은 아닐까. 청와의 시대에 제대로 청산하지 못했던 그 숙제를 이 시대에는 반드시 해내기를!

나가는 말

•

"뭐 볼 게 있다고?"

내가 그 말을 듣기 전에 나도 누군가에게 비슷한 말을 한 적이 있다. 건축에 대한 꿈이 큰 만큼 고민과 상처가 컸던 후배였다. 하루는 후배와 북촌을 거닐다 정독도서관에 들렀다.

"참 좋죠? 군더더기가 없어서." 후배가 말했다.

정면만 봐도 옆도 뒤도 뻔히 알 만한 재미없는 형태를 두고 군더더기가 없다고?

그래서 내 대답은,

"뭐, 별로"였다.

뭐 볼 게 있다고. 보다 짧고 불친절했다.

그리고 나는 그날을 잊었다.

한참 시간이 흐른 어느 날, 혼자 정독도서관에 간 적이 있다. 시리도록 파란 하늘 아래 서늘하도록 하얀 도서관이 보였다. 벽과 창틀에 걸린 그림자가 내 눈에 들어왔다. 순간 전광석화, 말 그대로 내 뒤통수를 때리는 것이 있었다.

"넌 참 단순하구나."

"넌 참 솔직하구나."

그 무렵은 아침마다 출근하면서 오늘은 사표를 써야지, 한밤에 퇴근하면서 도대체 산다는 것이 뭘까, 거리에 나뒹구는 찌그러진 깡통이 보일 땐 저게 나인가, 싶은 날들이었다.

넋 놓고 정독도서관을 바라보았다. 도서관을 비추는 빛, 그 빛이 창틀에 꽂혀 만든 예리한 그림자, 벽면 그림자를 파도처럼 일렁이는 바람의 촉감…. 단순하고 솔직한 고요함 속에서 저 건물을 지었던 사람과 저 건물을 사용했던 사람과 저 건물을 스쳐갔던 사람, 그들이 살았던 시대와 저 건물이 버텨온 세월을 상상해보았다.

"참 좋죠? 군더더기가 없어서."

후배가 했던 말이 기억 저 아래에서 떠올라왔다. 다시, 전광석화처럼 나를 때렸던 것은 '그때 후배도 그랬구나' 하는, 이미 놓쳐버린 공감이었다.

집으로 돌아가는 길에 이런 생각을 했다.

건축은 사물이 아니라 사연이라는 것을.

책처럼, 내 상태와 마음에 따라 매번 다르게 읽히고 다르게 와닿는다는 것을.

이 글을 쓰고 나니 또 이런 생각이 든다.

뭐 볼 게 있다고? 이 말은 참 무심한 마음이다.

뭐든 볼 게 있다! 이 말은 참 대단한 애정이고 용기다.

끝으로, 이 책이 나오기까지 세심한 배려와 정성을 아끼지 않은 루아크출판사에 진심 어린 감사를 드린다.

1. http://www.hani.co.kr/arti/culture/culture_general/326561.html, http://www.mediafine.co.kr/news/articleView.html?idxno=4099(검색일 2016년 10월 20일)

2. 안창모, 〈일제하 경성고등공업학교와 건축교육〉, 《대한건축학회 논문집 계획계》 14권 6호, 대한건축학회, 1998, 36~38쪽.

3. 박완서, 《그 많던 싱아는 누가 다 먹었을까》, 웅진닷컴, 2003, 36쪽, 37쪽, 109쪽.

4. 신무성, 〈역사의 흐름 속에서〉, 《대한건축학회지》 19권 65호, 1975, 23쪽.

5. 안창모, 앞의 논문, 40~41쪽.

6. 송율, 〈한국근대건축의 발전과정에 관한 연구〉, 서울대 박사학위논문, 1993, 51~53쪽.

7. 신영훈·이상해·김도경, 《우리건축 100년》, 현암사, 2000, 142~143쪽.

8. 송율, 앞의 논문, 36~50쪽.

9. 하시야 히로시, 《일본 제국주의, 식민지 도시를 건설하다》, 모티브북, 2005, 79쪽.

10. 정대균, 《일본인은 한국인을 어떻게 바라보고 있는가》, 강, 1999, 55~56쪽.

11. 김정동, 〈김세연과 그의 건축활동에 대한 소고〉, 《한국건축역사학회 추계학술발표 논문집》, 한국건축역사학회, 2007, 228쪽.

12. 서영수, "총독부 상량문 발견 건축가 이름 등 새겨져", 〈동아일보〉, 1996년 9월 5일자 43면.

13. 박길룡, "잘 살려면 집부터 고칩시다(1)", 〈조선일보〉, 1929년 5월 16일자.

14. 박길룡, "유행성의 소위 문화주택(4)", 〈조선일보〉, 1930년 9월 22일자.

15. 박동진, "나의 학창시절", 《대한건축학회지》 19권 65호, 1975, 16쪽.

16. 박동진, "조선주택개혁론", 〈춘추〉 제2권 제7호, 1941.

17. 이극로, "조선주택문제좌담", 〈춘추〉, 1941. 7.

18. 강상훈, 〈일제강점기 일본인들의 온돌에 대한 인식변화와 온돌개량〉, 《대한건축학회 논문집 계획계》 22권 11호, 2006, 255~259쪽.

19. 박동진, "우리 주택에 대하야-3", 〈동아일보〉, 1931년 3월 17일자 4면.

20. 안창모, 〈건축가 박동진에 관한 연구〉, 서울대 박사논문, 1997, 152~156쪽.

21. 박동진이 총독부를 그만둔 시기는 1938년으로 알려졌지만, 1997년 안창모는 여러 자료를 근거로 1940년이라고 밝혔다. 안창모, 위의 논문, 58쪽.

22. 박동진, "나의 학창시절", 앞의 책, 17쪽.

23. 박동진, "GRANITE의 변辯", 〈고대신문〉, 1955년 5월 6일자, 안창모, 앞의 논문, 부록 4-26에서 재인용.

24. 이정선, 〈일본의 건축선교사 보리스의 생애와 사상 연구〉, 감리교신학대학 석사논문, 2006, 127쪽.

25. 강윤, 〈조선과 건축朝鮮と建築〉, 1940. 4, 61쪽.

26. 김정동, 〈강윤과 그의 건축활동에 대한 소고〉, 《한국건축역사학회 춘계학술발표 논문집》, 한국건축역사학회, 2008, 207~208쪽.

27. 김정동, 위의 논문, 213쪽.

28. 김희곤, 〈19세기 말~20세기 전반, 한국인의 눈으로 본 상해〉, 《지방사와 지방문화》 9(1), 2006, 251~256쪽.

29. 장규식, 〈1900~1920년대 북미 한인유학생사회와 도산 안창호〉, 《한국근현대사연구》 46, 한국근현대사학회, 2008, 116~119쪽.

30. 장규식, 위의 논문, 131~144쪽.

31. 99 건축 문화의 해 조직위원회·국립현대미술관, 《한국 건축 100년》, 피아, 1999, 90쪽.

32. 송율, 앞의 논문, 62쪽.

33. 송율, 앞의 논문, 55쪽.

34. 송율, 앞의 논문, 163~164쪽.

35. 김정동, 〈강윤과 그의 건축활동에 대한 소고〉, 앞의 책, 3쪽.

36. 김정수, "여명기의 한국건축계", 《대한건축학회지》 25권 100호, 1981, 11쪽.

37. 윤일주, "건축가와 사회: 박길룡 씨의 생애와 업적이 뜻하는 것", 〈공간〉, 1967. 4, 65쪽.

38. 박동진, "GRANITE의 변辯", 〈고대신문〉, 1955년 5월 6일자, 안창모, 앞의 논문, 부록 4-26에서 재인용.

39. 김윤기, "남기고 싶은 이야기", 《대한건축학회지》 19권 65호, 1975, 17쪽.

40. "가장, 그 일과(2) 경제담당 무임소장관 김윤기 씨", 〈매일경제〉, 1968년 8월 6일자 3면.

41. 김용범, 〈건축가 김윤기의 초년기 교육과정과 건축활동에 관한 고찰〉, 《대한건축학회 논문집 계획계》 제29권 제6호, 2013, 177~178쪽.

42. 유치진, 《유치진 희곡 전집(하)》, 성문각, 1971, 592쪽.

43. 김윤기, "土幕スケッチ", 〈조선과 건축〉 9집 10호, 1930, 10~11쪽, 김용범, 앞의 논문, 180쪽

참조.

44. 김윤기, "남기고 싶은 이야기", 앞의 책, 19쪽.

45. 김윤기, "건축은 시대의 거울이다",《건축가》6, 한국건축가협회, 1976, 23쪽.

46. 이천승, "걸어온 길을 돌아보면",《대한건축학회지》19권 65호, 1975, 20쪽.

47. http://baike.baidu.com/item/%E5%A4%A7%E8%BF%9E%E7%AB%99/9586730?fr=aladdin(검색일 2016년 8월 26일)

48. 송율, 앞의 논문, 63쪽.

49. 김정동,《남아 있는 역사, 사라지는 건축물》, 대원사, 2001, 37쪽.

50. 이천승, "걸어온 길을 돌아보면", 앞의 책, 20쪽.

51. 우석, "현대 조선의 4대광狂-만주광, 금광광, 미두광, 잡지광",〈제일선〉2-8, 1932. 9, 김도형,〈한말·일제하 한국인의 만주 인식〉,《동방학지》, 2008. 12, 24쪽에서 재인용.

52. 김규민, "차라리 만주국 관리가 낫다",《8·15의 기억: 해방공간의 풍경, 40인의 역사체험》, 한길사, 2005, 223쪽.

53. 박성진,〈민주국 조선인 고등 관료의 형성과 정체성〉,《한국동양정치사상사연구》8(1), 2009. 3, 231쪽.

54.《구술로 만나는 한국예술사: 엄덕문 구술채록문 자료집》, 한국문화예술진흥원, 2004.

55. 우동선,《한국근현대예술사 구술채록연구 시리즈 45: 이광노》, 한국문화예술진흥원, 2005, 47~49쪽.

56. 권태문, "한국의 건축가 이천승",《건축사》2, 대한건축사협회, 1997, 79쪽.

57. 박동진, "나의 학창시절", 앞의 책, 15쪽.

58. 경성고등공업학교 시절의 이상 성적표 참조,《이상문학전집: 시》, 소명출판, 2005, 6쪽.

59. 우동선, 앞의 책, 130쪽.

60. 이상,〈날개〉, 1936.

61. 박완서, 앞의 책, 71쪽, 120쪽, 185쪽.

62. 장기인, "건축용어의 낙수落穗",《대한건축학회지》18권 61호, 1974, 56쪽.

63. "원로건축가 탐방: 이천승",《건축사》11, 1981, 14쪽.

64. 장기인 대담, 김옥성,〈1945년부터 1955년까지 한국건축계 형성기 성격에 관한 연구〉, 명지대학교 석사논문, 1990, 133쪽.

65. "조선공영창총 주택난 완화노력",〈동아일보〉, 1939년 10월 1일자 4면.

66. 장기인, "건축용어의 낙수落穗", 앞의 책, 56쪽.

67. 장기인, "건축용어 제정의 발자취",《대한건축학회지》33권 5호, 1989, 66쪽.

68. "역사의 고전장古戰場 30: 동학리의 최후 전지 공주 우금치",〈동아일보〉, 1976년 12월 16일자 5면.

69. 김영재, 〈나카무라 요시헤이의 서양건축양식의 수용 과정과 그 의미〉, 《대한건축학회논문집 계획계》 제29권 제5호, 2013, 161쪽.

70. 박맹수, 〈동학계 종교운동의 역사적 전개와 사상의 시대적 변화〉, 《한국종교》 37, 2014, 58쪽.

71. 조규태, 〈손병희의 꿈과 민족운동〉, 《중원문화연구》 13, 2010, 50쪽.

72. 김영재, 앞의 논문, 163쪽.

73. 위의 논문.

74. 위의 논문, 166~167쪽.

75. 윤일주, 〈1910~1930년대 2인의 외인 건축가에 대하여〉, 《대한건축학회지》 29권 124호, 1985, 22쪽.

76. 조정래, 《정글만리3》, 해냄, 2013, 211쪽.

77. 정창원, 〈일제강점기 한국에서 활동한 일본계 민간건축사무소에 관한 연구〉, 《건축역사연구》 제9권 2호, 2000, 53쪽.

78. 위의 논문, 54쪽.

79. 위의 논문, 54~55쪽.

80. 가사이 시게오, "일본의 건축", 《대한건축학회지》 19권 66호, 1975, 66~67쪽.

81. 다카사키 소지, 《식민지 조선의 일본인들》, 역사비평사, 2006, 193쪽.

82. 위의 책, 136~137쪽.

83. 신무성, "역사의 흐름 속에서", 《대한건축학회지》 19권 65호, 1975, 23쪽.

84. 정창원, 앞의 논문, 54~55쪽.

85. 안창모, 《한국 현대 건축 50년》, 재원, 1996, 18쪽.

86. 이들 작품 수는 일본 오사카예술대학 건축학과에 보관 중인 보리스건축사무소 작품 원도와 목록을 기준으로 산정한 것이다. 김진일·김승제, 〈건축가 W. M. Vories와 강윤에 대하여〉, 《대한건축학회 논문집》 10권 5호, 1994, 62쪽. 한편 《日本の建築》(明治大正昭和) 6권 (1979년, 삼성당, 일본)에 따르면 1944년까지 총 작품 수는 1591건이고 조선 내 작품 수는 146건이다. 정창원·윤인석, 〈일제강점기 조선에서 활동한 일본계 민간건축사무소에 관한 연구〉, 《건축역사연구》 제9권 2호, 2000, 57쪽.

87. http://vories.com/english/chronology/02.php

88. 이정선, 〈일본의 건축선교사 보리스의 생애와 사상 연구〉, 감리교신학대학교 석사논문, 2006, 34~38쪽.

89. Vories, 《失敗者の自叙伝》, 近江兄弟社, 1970, 72쪽, 이정선, 위의 논문, 33쪽에서 재인용.

90. 위의 논문, 45쪽.

91. 이정선, 앞의 논문, 129~133쪽.

92. 위의 논문, 135쪽.

93. https://ja.wikipedia.org/wiki/ウィリアム・メレル・ヴォ_リズ

94. 이정선, 앞의 논문, 69쪽.

95. 위의 논문, 86~88쪽.

96. 위의 논문, 78쪽.

97. 우동선·안창모,《한국근현대예술사 구술채록연구 시리즈 24: 장기인》, 한국문화예술진흥원, 2004, 27쪽.

98. 김란기, 〈근대 전통건축생산장인의 활동과 계보에 관한 연구〉,《대한건축학회 논문집》6권 4호, 1990, 26쪽.

99. 이승일, 〈1920~40년대 경성 거주 급여 생활자의 주거생활〉,《한국민족문화》58, 2016, 354쪽.

100. 박철진·전봉희, 〈1930년대 경성부 도시형 한옥의 사회·경제적 배경과 평면계획의 특성〉,《대한건축학회 논문집 계획계》18권 7호, 2002, 100쪽.

101. "양춘 명암 이중주: 문화주택촌",〈조광〉, 1937. 4.

102. 손승광, 김미선, 〈20세기초 전통한옥의 개량과 지속가능성 연구〉,《한국주거학회 2012 춘계학술발표대회 논문집》, 제24권 제1호, 181쪽.

103. 송인호, 〈근대 경성의 한옥〉,《건축역사연구》제14권 4호, 2005, 256~257쪽.

104. 이경아, 〈정세권의 일제강점기 가회동 31번지 및 33번지 한옥단지 개발〉,《대한건축학회 논문집 계획계》, 2016. 7, 95쪽.

105. 팔보, "서울 잡기장",〈조광〉, 1943. 1, 130~131쪽.

106. 신영훈·이상해·김도경,《우리건축 100년》, 현암사, 2001, 205~207쪽.

107. 김란기, 앞의 논문, 26~32쪽.

108. 김란기, 앞의 논문, 28쪽.

109. 청와, "창간 2주년의 회고와 비판",〈조선건축〉3권 2집, 1949. 5.

110. 청와, 위의 글.

111. 조경재, 〈'조선건축'에 나타나는 1940년대 후반 한국건축의 성격〉, 연세대 석사논문, 1997, 155쪽.

112. https://ja.wikipedia.org/wiki/創宇社建築会

113. 안창모,《한국 현대 건축 50년》, 재원, 1996, 38~43쪽.

114. "북한건축가 김영성 초청 좌담 강연",《이상건축》, 1992. 10, 81쪽, 우동선,《한국근현대예술사 구술채록연구 시리즈 45: 이광노》, 한국문화예술진흥원, 2005, 93쪽에서 재인용.

115. 송율, 앞의 논문, 174쪽, 금우회,《한국의 건축가 정인국》, 발언, 1997, 21쪽.

116. 송민구, "잊을 수 없는 분들",《대한건축학회지》19권 65호, 1975, 34쪽.

117. 우동선,《한국근현대예술사 구술채록연구 시리즈 45: 이광노》, 한국문화예술진흥원, 2005, 37쪽.

118. 박완서, 앞의 책, 252쪽.

119. 송율, 앞의 논문, 89쪽.

120. 송민구, 앞의 글, 33~34쪽

121. "강명구, 원로와의 대화: 국전과 건축 미술의 개척자",〈건축가〉1-2, 1983, 4쪽.

122.《구술로 만나는 한국예술사: 엄덕문 구술채록문 자료집》, 한국문화예술진흥원, 2004.

123. 임화, "문학자의 자기비판",《우리문학》, 1946. 2.

건축문화사_172쪽
국가기록원_16쪽, 58쪽, 140쪽, 141쪽
국가보훈처_85쪽
국립중앙박물관_21쪽
국사편찬위원회_29쪽, 35쪽
김소연_235쪽
김송이_17쪽(상, 하), 36쪽, 59쪽(상, 하), 60쪽, 70쪽(하), 71쪽, 78쪽, 93쪽(상, 하), 105쪽
　　(하), 106쪽(하), 173쪽(상, 하), 183쪽(하), 189쪽, 202쪽(하)
대한건축사협회_74쪽
대한건축학회_169쪽
동아일보_39쪽, 55쪽, 118쪽, 201쪽(하)
바이두_131쪽, 133쪽
보리스서거50주년기념사업회_224쪽
부산근대역사관_106쪽(상)
서울시_102쪽(상), 234쪽
서울특별시사편찬위원회_188쪽
조선건축기술협회_166쪽, 248쪽
조선건축회_123쪽, 153쪽

저작권자를 찾지 못한 사진은 추후 저작권자가 확인되는 대로 합리적 출판 관행에 따라 게
재 허락을 구하겠습니다.

경성의 건축가들

1판 1쇄 펴냄 2017년 3월 15일
1판 3쇄 펴냄 2019년 12월 30일

지은이 김소연
펴낸이 천경호
종이 월드페이퍼
제작 (주)아트인
펴낸곳 루아크
출판등록 2015년 11월 10일 제409-2015-000020호
주소 10083 경기도 김포시 김포한강2로 208, 410-1301
전화 031.998.6872
팩스 031.5171.3557
이메일 ckh1196@hanmail.net

ISBN 979-11-957139-8-1 03910